# OS (DES)CAMINHOS DA ESCOLA:

Traumatismos educacionais

**EDITORA AFILIADA**

*Questões da Nossa Época*

# Volume 23

**Dados Internacionais de Catalogação na Publicação (CIP)**
**(Câmara Brasileira do Livro , SP, Brasil)**

Silva, Ezequiel Theodoro da
    Os (des)caminhos da escola : traumatismos educacionais /
Ezequiel Theodoro da Silva. — 8. ed. — São Paulo : Cortez,
2011. — (Coleção questões da nossa época ; v. 23)

    Bibliografia.
    ISBN 978-85-249-1678-6

    1. Educação — Brasil 2. Escolas — Brasil 3. Professores
— Formação profissional — Brasil I. Título. II. Série.

11-00038

CDD-370.981

**Índices para catálogo sistemático:**

1. Brasil : Educação    370.981

Ezequiel Theodoro da Silva

# OS (DES)CAMINHOS DA ESCOLA:

Traumatismos educacionais

8ª edição

OS (DES)CAMINHOS DA ESCOLA: Traumatismos educacionais
Ezequiel Theodoro da Silva

*Capa*: aeroestúdio
*Preparação dos originais*: Solange Martins
*Revisão*: Ana Paula Luccisano
*Composição*: Linea Editora Ltda.
*Coordenação editorial*: Danilo A. Q. Morales

Nenhuma parte desta obra pode ser reproduzida ou duplicada sem autorização expressa do autor e do editor.

© 1990 by Autor

Direitos para esta edição
CORTEZ EDITORA
Rua Monte Alegre, 1074 – Perdizes
05014-001 – São Paulo – SP
Tel.: (11) 3864-0111   Fax: (11) 3864-4290
E-mail: cortez@cortezeditora.com.br
www.cortezeditora.com.br

Impresso no Brasil – março de 2011

"Digo: o real não está nem na saída nem na chegada: ele se dispõe para a gente é no meio da travessia."

"Conto ao senhor é o que sei e o senhor não sabe; mas principal quero contar é o que não sei, e pode ser que o senhor saiba."

"Mestre não é quem ensina, mas quem de repente aprende."

(GUIMARÃES ROSA,
*Grande Sertão: veredas*)

*Para minha mãe, D. Benê, que sempre me ensinou o valor do esforço e do trabalho.*

*Para meu professor, Joel Martins, que sempre me orientou na busca da essência das coisas.*

*Para meu amigo, Jim Maher, que nunca deixou de elogiar as minhas iniciativas.*

*Para todos os pedagogos do Brasil, que militam por uma educação melhor.*

# Sumário

Prefácio à 8ª edição ............................................. 9

Prefácio à 6ª edição ............................................. 12

Apresentação à 5ª edição ..................................... 15

Apresentação à 3ª edição ..................................... 17

Apresentação à 2ª edição ..................................... 19

Prefácio
*Dermeval Saviani* .................................................. 22

Sobre a obra: palavras iniciais ............................ 25

1. Barafunda metodológica ............................... 27
2. O dia a dia de um professor ......................... 35
3. Malformado e mal-informado ....................... 40
4. Abaixo as muralhas da universidade ............ 47
5. "A educação e o trabalho": análise da análise ......... 54
6. O problema das normas linguísticas ............ 62

7. Epidemia na e da pesquisa ............................................ 65

8. Escola de rico e escola de pobre ............................... 74

9. Qualidade *versus* quantidade .................................. 83

10. Importância da leitura: um diálogo com o aluno universitário ........................................................... 86

11. Desassimilação de hábitos adquiridos ................... 92

12. Pá-lavras .................................................................... 98

# Prefácio à 8ª edição

Na apresentação que fiz para a 6ª edição deste livro, eu disse que, caso não fosse aquela a sua derradeira publicação, eu iniciaria o novo prefácio com a seguinte citação:

Quem são os sujeitos coletivos gestadores da nova civilização? [...] são os que se sentem insatisfeitos com o atual modo de viver, de trabalhar, de sofrer, de se alegrar e de morrer, em particular, os excluídos, oprimidos e marginalizados. São aqueles que, mesmo dando pequenos passos, ensaiam um comportamento alternativo e enunciam pensamentos criadores. São ainda aqueles que ousam organizar-se ao redor de certas buscas, de certos níveis de consciência, de certos valores, de certas práticas e de certos sonhos, de certa veneração do mistério e, juntos, começam a criar visões e convicções que irradiam uma nova vitalidade em tudo o que pensam, projetam, fazem e celebram. (Eduardo Boff. O ecocídio e o suicídio. In: *7 pecados do capital.* Organizado por Emir Sader. Rio de Janeiro: Record, 1999, p. 50-51)

Pois bem, assim o afirmei e assim o fiz, ainda que mais recentemente, ao longo do Governo Lula, eu venha questionando muitos posicionamentos de Leonardo Boff em relação aos acontecimentos e ao destino da sociedade brasileira. Segundo a minha interpretação, no trecho acima Boff aponta os autores de uma nova civilização como aqueles sujeitos capazes de por em prática comportamentos e pensamentos alternativos a partir da colaboração mútua e de sonhos compartilhados. Além disso, cabe repetir, sujeitos que, juntos, "começam a criar visões e convicções que irradiam uma nova vitalidade em tudo o que pensam, projetam, fazem e celebram". Isto tem tudo a ver com os professores brasileiros.

Os professores, pela natureza do seu trabalho junto às novas gerações, são aqueles profissionais com maiores chances de irradiar e sedimentar os valores para a construção de uma nova civilização — e talvez uma nova "civilidade" — em nosso país. Ainda que os espinhos da opressão e do descaso estejam muito presentes no cotidiano dos professores, principalmente os de educação infantil, fundamental e média, acredito que os fatores condicionantes dessa opressão possam ser superados e, na superação mesma, possam ser produzidas novas visões a respeito do mundo, do trabalho e da vida.

Esta obra, chamada de "análise impressionista da escola brasileira" por Demerval Saviani, ainda permanece atual e oportuna pelo seu teor de denúncia. Denúncia banhada em cinismo e humor para ver se as idéias podem ser mais diretamente, facilmente entendidas pelos professores brasileiros. Desde 1978, quando o livro foi ao mercado, a educação pública brasileira apresenta um movimento de queda ininterrupta, sem que nenhuma política tenha sido capaz de recolocá-la nos seus devidos eixos — chegamos em 2010, terceiro milênio, com quadro caótico e vergonhoso no tipo de formação fornecida pelas escolas.

Eis, portanto, a contradição: ao mesmo tempo em que as escolas podem significar uma chance de construção de uma nova civilização, elas se apresentam debilitadas, esquecidas, para não dizer abandonadas. Uma contradição que pede para ser superada por uma nova síntese ou um novo patamar em que os problemas sejam estudados a fundo, gerando políticas contínuas e consequentes em favor do professorado e das condições para a produção de um ensino de qualidade.

Aqui comigo eu fico torcendo para não mais ter que publicar este livro, pois na sua origem se colocava uma imensa insatisfação com as coisas da nossa educação e escola. Ao republicar, estou mais uma vez dizendo que a minha insatisfação ainda continua, ainda permanece dentro de mim como um símbolo de minha tristeza — tristeza de ver o tempo passar e as mudanças substantivas não acontecerem de fato. Talvez a vergonha na cara ainda venha a prevalecer junto às autoridades que regem a educação brasileira — já me sentei, cansado, de tanto esperar...

*Ezequiel Theodoro da Silva*
Campinas, novembro de 2010

# Prefácio à 6ª edição

Talvez as apresentações deste livro se transformem numa outra obra, considerando os diferentes pontos de vista que desenvolvi em 1978, 1981, 1989 e 1997. De certa forma, esses textos iniciais cobrem mais de vinte anos de minha existência como professor — uma existência que, bem ou mal, vem acompanhando e vivendo os acontecimentos da educação brasileira.

É ainda pertinente o conteúdo? Será que os desabafos e denúncias aqui contidos não se esclerosaram, morreram e desapareceram? Será que a educação e a escola brasileiras não encontraram os seus caminhos para uma transformação de cunho positivo? Enfim, será que as coisas não melhoraram um pouco, pondo abaixo as revelações desta obra?

Ao reler carinhosamente o conjunto de textos para "mais um" prefácio, fui fazendo travessias mentais, ou seja, caminhei dos referenciais dos artigos para a realidade educacional e vice-versa. O sentimento que nasceu dessa leitura-ponte foi de uma angústia meio misturada com dor e sofrimento. Isto porque os problemas estruturais estão enraizados e até mais fortemente encravados no solo educacional, gerando efeitos ainda mais drásticos do que aqueles revelados em 1978, quando do lançamento deste livro.

Se as cinco novas edições destes "descaminhos" simbolizarem a sua leitura real e crítica por 15 mil professores e/ou pretendentes à profissão, então eu tenho razões mais do que suficientes para dar um pulo de alegria e, ao mesmo tempo, alimentar um pouco o meu estoque de esperança no processo de conscientização pela convivência com os livros. Trago comigo a crença de que um livro, por si, não muda nada, mas pode abrir os olhos daqueles que desejarem azeitar as suas retinas para melhor enxergar as contradições presentes na vida social.

Seria esta a última edição deste livro? Se for, ótimo, pois assim ficará mais patente a sua inutilidade por ter tratado de questões não mais oportunas no que se refere à vida dos professores e das escolas. Se não for, quem sabe, mesmo com a passagem do tempo, ainda terei a oportunidade para escrever outras apresentações, enfatizando as contradições que se reproduzem na história e que a classe dos professores não foi capaz de superar. Este o caso, no próximo *round*, iniciarei a minha reflexão com a citação a seguir:

> Quem são os sujeitos coletivos gestadores da nova civilização? [...] são os que se sentem insatisfeitos com o atual modo de viver, de trabalhar, de sofrer, de se alegrar e de morrer, em particular, os excluídos, oprimidos e marginalizados. São aqueles que, mesmo dando pequenos passos, ensaiam um comportamento alternativo e enun-

ciam pensamentos criadores. São ainda aqueles que ousam organizar-se ao redor de certas buscas, de certos níveis de consciência, de certos valores, de certas práticas e de certos sonhos, de certa veneração do mistério e, juntos, começam a criar visões e convicções que irradiam uma nova vitalidade em tudo o que pensam, projetam, fazem e celebram. (Eduardo Boff. O ecocídio e o suicídio. In: *7 pecados do capital*. Organizado por Emir Sader. Rio de Janeiro: Record, 1999, p. 50-51.)

*Ezequiel Theodoro da Silva*
Campinas, janeiro de 2001

# Apresentação à 5ª edição

A evolução histórica da educação é marcada por ciclos de ilusão e desilusão, por atmosferas de entusiasmo e apatia. Isto em função da conjuntura social maior, principalmente a econômica, e do rodízio dos governantes.

Estamos vivendo um momento em que as mudanças educacionais são tomadas como inadiáveis devido a questões relacionadas com a globalização da economia, o "boom" informacional e tecnológico e, o mais importante talvez, a involução da escola pública brasileira, que hoje vive uma realidade de fundo de poço.

Este livro, escrito nos idos de 1978, tem um valor muito especial para mim. Por duas razões básicas. Foi a primeira obra que consegui publicar, em uma tentativa de compreender um pouco melhor os descalabros da educação brasileira e partir para análises mais apuradas. Além disso, pela rápida vendagem da 1ª edição, acredito ter dado uma contribuição ao processo de organização dos educadores, ocorrido no início da década de 1980.

No meu ponto de vista, vários dos "des-caminhos" que compõem este livro permanecem encrustados na realidade educacional brasileira, rindo da nossa cara... Outrossim, no íntimo, gostaria que os educadores brasileiros já tivessem superado a sua condição de palhaços do sistema e que este livro nem precisasse ser mais uma vez reeditado. Porém...

Ultimamente, preocupa-me sobremaneira a atitude de indiferença e apatia de muitos educadores frente às contradições da realidade escolar. Essa constatação leva a pensar que, independentemente dos bons programas voltados à recuperação da dignidade do magistério, grande parte do professorado deixou de se movimentar no sentido de preencher os espaços de conquista. Caso o fenômeno tenda a crescer, um novo "des-caminho" vai certamente surgir, traumatizando de vez as possibilidades de avanço e mudança.

Vale reiterar o que afirmei nas apresentações anteriores deste livro: o meu objetivo aqui não é e jamais foi o de instaurar o pessimismo e nem cair no velho esquema da transferência de culpas. Pelo contrário, como afirma o mestre Paulo Freire, a denúncia em si mesma é inócua caso não provoque o anúncio de ações transformadoras dentro da realidade social.

*Ezequiel Theodoro da Silva*
Campinas, março de 1997

# Apresentação à 3ª edição

Depois de 1979, época em que escrevi este livro, os traumatismos foram crescendo, foram levando outros chutes e pisões do poder, foram ganhando uma cor roxa-moribunda, e hoje o que temos pela frente são fraturas expostas. Fraturas que talvez demorem mais de um século para se calcificar. Mas não era este o país do futuro? Haja paciência histórica! A educação brasileira, por sofrer tantas fraturas, dispõe-se igual a fuça daquele miserável desdentado, esfomeado, sebento e perebento que perambula por todos os cantos destas terras. Sem destino — por aí. Ai dos professores — raça em extinção porque os governos (digo aqui até dos democraticamente eleitos) discursaram bonito antes dos pleitos, mas não tiveram peito para ajudar (ou socorrer?) o sistema acidentado. *Crack* — espinha quebrada! E teve até governo desta década de 1980 que mandou baixar cassetete em professor. Ai! Além da dor, a vergonha da fratura exposta...

Formos nós tentar identificar todos os descaminhos da escola brasileira nestas últimas três décadas, vamos certamente nos perder num imenso labirinto. Pomada, para traumatismo, já não adianta. Talvez engessar alguns ossos do esqueleto escolar, guardando a desconfiança de que poderá não haver recuperação, dado o tamanho dos golpes desferidos na cara do freguês. Isso lembra mais ou menos o Maguila espumando pela boca e esticando as canelas naquela luta lá nas terras dos gringos. Será que o novo poderá mesmo ser gerado a partir do velho? Dialética doida e doída essa aí; mas, vá lá, brasileiro e professor, profissão esperança. Tem muito professor ainda perdido, incapaz de encontrar uma pista para sair do labirinto. De repente, a partir da segunda quinzena do mês (ou antes?), o magistério calculadamente começa a suar frio porque o salário já acabou e porque o estômago (nosso e da família) reclama três refeições ao dia. Tenho cá as minhas simpatias pelos ensaios contidos neste livro. Reli os textos todos a fim de preparar a sua terceira edição pela Cortez. Textos produzidos há mais de dez anos e que, no meu ponto de vista, continuam atualíssimos. Isto porque nesta década andamos muito lentamente em direção à melhoria da qualidade do ensino neste país. Em alguns setores, andamos de marcha a ré; em outros, destrambelhamos completamente. Encaixa-se muito bem aqui aquela imagem do balde descendo descontroladamente ao fundo do poço... A escola brasileira está pedindo água! E talvez este livro, mesmo com todas as suas imperfeições, possa ajudar o professor a encontrar o mapa da mina. Já vi gente por aí localizando grandes lençóis de água com um galhinho de chorão...

*E. T. S.*

Campinas, dezembro de 1989

# Apresentação à 2ª edição

É extremamente gratificante, um real motivo de orgulho e alegria, saber que o meu primeiro livro foi intensamente procurado a ponto de esgotar a sua primeira edição. De certa forma, tal procura vem patentear o fato de que muitos outros educadores compartilham comigo dessa imensa tristeza chamada "educação brasileira" e buscam, através da denúncia, insatisfação e reflexão, a modificação das circunstâncias no âmbito da escola e da sociedade.

Devo confessar que esta obra surgiu em um momento de *desabafo* e *desacato*. Em um momento em que minha consciência começava a intuir e compreender a inevitável relação entre educação e política. Fui registrando no papel, em diferentes artigos, as minhas primeiras engatinhadas em direção à superação da consciência ingênua, reprodutora e escrava do sistema alienante a que estamos submetidos. Essa "parada para pensar", ainda que às vezes tenha ficado na superfície do senso comum (conforme as palavras de Dermeval Saviani, no Prefácio), foi de muita utilidade para a minha vida — deixei de engolir certas asneiras costumeiras, conscientizei-me das necessidades mais prementes do nosso povo (anteriormente tais aspectos me passavam despercebidos) e agora sei de que lado ficar...

Apesar dos espinhos do capitalismo e do círculo de agruras dentro do qual se localiza a escola brasileira, todos os educadores deveriam fazer um esforço no sentido de "parar para pensar". Pensar politicamente, ultrapassando círculos restritos, indo mais a fundo nas causas reais da ignorância, opressão e alienação — fenômenos estes visivelmente presentes na sociedade brasileira, em todos os níveis. Pensar incisivamente sobre o seu cotidiano, sua prática. Pensar criticamente sobre os obstáculos ideológicos que bloqueiam um trabalho conscientizador nas salas de aula. Pensar abrangentemente nas necessidades concretas da comunidade. Pensar e não parar na reflexão pura e simples, mas AGIR, ATUAR, PROPOR, FAZER e CONSTRUIR!

Além dos artigos inseridos na primeira edição de *Os (des)caminhos...* (todos eles ainda muito pertinentes, do meu ponto de vista), estou incluindo mais duas reflexões voltadas para a relação escolaridade-trabalho e para o problema do ensino de normas gramaticais. Esses dois temas são recorrentemente veiculados pela imprensa, tornando-se objetos de polêmica. Espero que as minhas ideias sirvam para um melhor esclarecimento das questões. Quem sabe a denúncia desses descaminhos venha a ser um primeiro passo para o delineamento de "caminhos" para superar os problemas...

O ataque intervencionista, sofrido pela Unicamp (local onde trabalho), revela que a luta contra a antipedagogia, contra o autoritarismo e a burocracia no meio escolar vai ser longa e árdua. Revela ainda que a conquista de decisões democráticas em nossas casas de ensino vai depender da politização daqueles que militam na área educacional. Por outro lado, essa tarefa política requer uma prática concreta de participação nas decisões e uma conquista de espaços para atuação. Sem isso, continuaremos sendo manobrados pelo poder dominante.

*E. T. S.*

Unicamp, dezembro de 1981

# Prefácio

O trabalho do professor Ezequiel constitui aquilo que eu chamaria "uma análise impressionista da escola". O autor, apoiado na sua experiência e servindo-se da intuição, descreve algumas das mazelas que caracterizam a escola brasileira. E o faz permanecendo ao nível da percepção imediata; com isso traduz aquilo que muitos professores estão sentindo. Se isto tem a vantagem de propiciar uma identificação quase instantânea instaurando um clima emotivo preliminar favorável ao despertar da consciência, por outro lado corre o risco de não provocar o despertar e, menos ainda, o desenvolvimento de uma consciência crítica. Com efeito, o clima favorável pode se dissolver nos queixumes e lamentações reforçando nos professores o sentimento de vítima e justificando o "lavar as mãos". É verdade que, com seu tom direto e provocante, o autor por vezes parece sacudir o torpor dos professores, buscando retirá-los da inércia e da rotina ao lançar-lhes no rosto a denúncia de atitudes inconsequentes, incoerentes e, mesmo, chamando-os para responsabilidades que lhes são inerentes e das quais teriam abdicado. No entanto, como o endereço é difuso (fala-se ao indivíduo enquanto abstração, atinge-se tanto os professores como diretores, administradores de sistemas e, vagamente, a estrutura social, econômica e política), cada personagem acaba sendo vítima e réu. Fica-se no claro-escuro, no misto de verdade e erro que caracteriza o senso comum. Ora, o senso comum é a satisfação, a justificação do corrente, do vigente. Assim, face ao estatuto de vítima e réu, o senso comum tenderá a reforçar a atitude que prescreve: "réu são os outros; vítima sou eu".

A partir das considerações feitas acima, eu gostaria de ressaltar os méritos e a limitação do presente livro.

Os méritos consistem em o autor falar uma linguagem diretamente perceptível pelos destinatários; no descontraimento, no antiformalismo do texto; na amenidade no trato de questões com as quais os professores se sentem identificados; na clareza da linguagem e no estilo límpido, direto e provocante; na leveza da leitura, o que é uma qualidade nada desprezível ao se pensar em professores exaustos após a sua dezena de aulas diárias. Em suma, no fato de levar em conta o senso comum.

A limitação consiste em que, se é importante partir do senso comum, é indispensável ultrapassá-lo. Trata-se de levá-lo em conta mas proceder à sua elaboração de modo a propiciar a elevação a uma concepção coerente e orgânica. Em outros termos, trata-se de sistematizar o senso comum. E a sistematização do senso comum já não é mais senso comum, uma vez que este se caracteriza exatamente pela dispersão, pelo seu caráter assistemático e difuso. O senso comum é, pois, ao mesmo tempo negado e conservado, uma vez que é ele que fornece o conteúdo básico objeto de sistematização. O processo de sistematização consiste, então, na superação do senso comum. Com efeito, negar e conservar é exatamente o sentido do conceito de superação (entendido dialeticamente).

Gostaria, então, de formular aos leitores um convite no sentido de que, ao lerem este livro, busquem sistematizar aquilo que já estão sentindo e que aparece verbalizado no texto, em direção a uma concepção coerente e orgânica. Admitindo-se que a verbalização é já um primeiro nível, ainda que incipiente e germinal, de sistematização, trata-se de aproveitar a provocação do autor e desenvolver o processo de sistematização do senso comum que o livro contém apenas em gérmen e como promessa. O autor, por seu lado, fica intimado a escrever um segundo livro no qual desenvolva o processo de sistematização do senso comum que aparece verbalizado na presente obra.

*Dermeval Saviani*
São Paulo, novembro de 1978

# Sobre a obra: palavras iniciais

Os problemas educacionais estão se avolumando cada vez mais. De todos os pontos do país surgem agudas críticas quanto ao funcionamento e desempenho das nossas escolas. As medidas de solução parecem ser inversamente proporcionais ao volume da crise, gerando uma insatisfação geral por parte da população.

Bota-se defeito, lamentam-se as consequências, mas não foram muitos aqueles que falaram alto sobre as reais causas das aberrações educacionais. A etiologia da doença do ensino foi buscada, por alguns autores, na filosofia, política, sociologia, história e/ou didática. Embora fossem suficientemente reveladoras, as contribuições provindas dessas ciências não causaram impacto imediato junto aos professores e autoridades educacionais. E a coisa parece ir seguindo na mesma, ou seja, de mal para pior.

Procuro, nestas reflexões, lançar-me para dentro daquilo que acontece nas escolas. A realidade educacional efetiva dirigiu a minha consciência durante a concretização das ideias nas diferentes pautas do trabalho.

Realmente não me preocupei em dar uma sequência linear às várias reflexões. Fui colocando entre parênteses aquilo que achava relevante e que talvez pudesse dar uma chacoalhada nos indivíduos envolvidos em educação. Nasceu, assim, este mosaico de críticas.

Tentei escrever em uma linguagem simples, concisa, que falasse diretamente ao professor. É, também, uma obra sem muita carga bibliográfica — ela nasceu da minha própria vivência pessoal. As evidências são formuladas a partir daquilo que vivi e ainda venho vivendo; a subjetividade da argumentação, portanto, vai depender do quanto o leitor se identificar com aquilo que é expresso.

*E. T. S.*

Campinas, outubro de 1978

# Capítulo 1

# Barafunda metodológica

> PROCURA-SE: "Um método milagroso ou uma técnica santa para curar todos os males da educação brasileira."
>
> QUESTIONA-SE: "A cura para problemas de ensino e aprendizagem deve ser procurada, única e exclusivamente, no método utilizado pelo professor?"
>
> LAMENTA-SE: "Será que os professores brasileiros perderam o bom-senso ou será isto um problema de má-formação mesmo?"

Qual é a técnica que devo utilizar em classes superlotadas? O que devo fazer para motivar alunos que dormem em aula? A dinâmica de grupo é melhor do que a aula expositiva? Você recomenda a utilização do estudo dirigido para alunos de ensino fundamental? Qual é o melhor método para alfabetizar crianças subnutridas? O que você sugere em termos de técnicas de estudo para alunos que trabalham? A escola nova deve somente propor pesquisa, não é mesmo? Que tal o ensino programado como técnica para individualizar a instrução? A cópia e o ditado, como técnicas, já estão realmente ultrapassados? Que técnica...? Que meio...? Que recurso...? Que estratégia...? Que procedimento...? De que jeito...?

A técnica-panaceia encontra fácil penetração nas escolas brasileiras de hoje. Se "na moda", então deve ser implementada. Não importa o contexto de origem — se "nova", então deve ser adotada. Para que saber dos resultados? Se "motivadora", então deve ser praticada. Funcionou lá, também vai funcionar aqui — se "falada", então deve ser generalizada. Abaixo as reflexões críticas do professor — se "empacotada", então deve ser imediatamente adquirida.

Veneração totêmica do método... Endeusamento cego da técnica... Será que a educação brasileira vai melhorar a partir da metodologia do ensino? Será que a educação integral de um aluno pode ser incrementada a partir da seleção desta ou daquela técnica? Será o método de ensino um outro produto descartável da sociedade de consumo? Será que a adoção de uma determinada metodologia não implica conhecimento de psicologia e filosofia da educação? Será que o método deixou de ser um meio para tornar-se um fim em si mesmo? Pobres dos alunos: está instalada a barafunda metodológica!

Não podemos negar: a grande maioria dos professores brasileiros parece procurar no método a solução de todos os problemas educacionais. O "como ensinar" parece ter encoberto o "que ensinar" e o "por que ensinar". Assim, qualquer técnica serve, desde que mantenha o aluno quieto e bem-comportado ou desde que tudo já venha "prontinho" ou desde que seja desenvolvida fora do Brasil.

Conversa recente com o diretor de uma escola:

— Todos os professores de minha escola estão aplicando dinâmica de grupo em suas aulas!

— Isso é bom! A dinâmica de grupo abre as portas para maior interação e troca de experiências entre os alunos.

— Mas estão utilizando essa coisa a bel-prazer...

— Quê!?

— ... sem planejamento...

— Quê!?

— ... indiscriminadamente...

— É!?

— ... todos os santos dias...

— Explique melhor!

— Pedi aos meus professores que fizessem um curso de aperfeiçoamento no início deste ano. Aprenderam a tal de dinâmica de grupo. O instrutor do curso teve a infelicidade de dizer que o ensino expositivo "já era" e que a dinâmica de grupo era a melhor técnica do mundo. Todos os professores passaram a dar pesquisa extracurricular e dinâmica de grupo em sala de aula.

— E daí?

— Daí que os professores já não fazem absolutamente nada. Entram em classe, formam os grupos e mandam os alunos aprender através de esforço próprio.

— E a pesquisa?

— Gerou uma confusão dos diabos aqui na escola e redondezas. Com todos os professores utilizando o tal "método da pesquisa", houve uma sobrecarga de trabalhos para os alunos. Imagine o número de reclamações que recebo dos pais...

— E o que o senhor vai fazer?

— Sei lá! Talvez faça uma reflexão sobre o conceito de método junto com o corpo docente.

Os bons livros de didática parecem dizer que qualquer método de ensino é eficaz desde que seja coerentemente utilizado pelo professor. Em outras palavras, não é o método em si que comprova a sua eficácia; é o uso — planejado e coerente — do método que aponta o seu valor em termos de resultados a serem obtidos. Assim, não se pode jamais afirmar que um método seja melhor que outro — tudo vai depender de uma análise das condições de ensino e aprendizagem, das características dos alunos, dos objetivos que se procura atingir, dos fundamentos psicológicos do método, da concepção de educação adotada pelo professor etc. Outros critérios poderiam ser arrolados, porém este pequeno elenco já é suficiente para demonstrar que a seleção de métodos ou técnicas não pode ser feita de forma aleatória; existem outros fatores, de igual importância, que devem ser pensados pelo professor.

Nestes últimos quarenta anos, a vida educacional brasileira foi presenteada com vários "modismos" metodológicos. Instrução programada, tecnologia de ensino, recursos audiovisuais, televisão educativa, pacotes instrucionais, ensino à distância, laboratórios de informática etc. foram ampla e efusivamente comentados e divulgados por vários educadores. Essas "coisas" iam sendo adotadas à medida que iam surgindo no mercado. A simples "fama" da técnica em países diferentes do nosso já era suficiente para garantir a sua eficácia. Não se pode negar, entretanto, que algumas dessas inovações encontram respaldo em nosso contexto. A tevê educativa e a Internet, por exemplo, foram rapidamente assimiladas pelos cursinhos onde, por interesse financeiro e por defeitos presentes no próprio sistema educacional, deve-se instruir (mas, não educar) 150 a 200 alunos de uma só vez. Deve ficar bem claro também que essa importação indiscriminada de tecnologia educacional ganhou maior velocidade à medida que atendia plenamente aos interesses das classes dominantes, principalmente naquilo que diz respeito à educação das massas oprimidas.

O "maníaco mutacional" deve ser olhado com muito cuidado pelos educadores. Geralmente, tal indivíduo estrutura e veicula uma proposta inovadora sem levar muito em consideração as reais condições das escolas nacionais, dos professores, dos alunos e das próprias consequências advindas da utilização de um empacotado. Mais diretamente, a pergunta deveria ser a seguinte: "Com todas estas supostas inovações, houve melhoria na educação brasileira?" Tudo indica que não: as salas de recursos audiovisuais são verdadeiros sarcófagos na maioria das escolas (o professor precisa ser treinado na utilização desses materiais); a instrução programada jamais se tornou uma presença marcante nas redes escolares (o professor aprendeu que existe um controle skinneriano subjacente a esse material); a tecnologia de ensino custa e a educação não tem dinheiro (o professor brasileiro ainda vai pela fala, giz, quadro-negro e livro didático); os pacotes instrucionais ficaram nas gavetas de quem os elaborou (o professor aprendeu que nem sempre esses pacotes servem às necessidades de seus alunos); a tevê educativa requer um *know-how* de produção e utilização, que muito se distancia das reais condições de nossas escolas. E a barafunda vai se avolumando...

E o bombardeio das metodologias alienígenas é uma verdadeira tromba-d'água na cabeça dos professores que ainda pretendem fazer um trabalho educacional consciente, reflexivo e transformador. Lá vem o guia curricular fabricado em gabinete! Lá vem o ensino por contrato! Lá vem a instrução programada! Lá vem "o meio é a mensagem"! Lá vem o ensino à distância! Lá vem o fim da aula expositiva verbal significativa! Lá vem a taxação de tradicional, velho e esclerosado! Lá vem o livro didático sem texto, mas repleto de imagens da televisão! Lá vem um novo "modismo" importado! Lá vem uma nova barreira à reflexão!

Mas o problema mais grave, ainda relacionado com o fenômeno da barafunda metodológica, diz respeito à velha dicotomia entre "saber o que" e "saber como", ou seja, saber um determinado conteúdo e saber como ensinar esse conteúdo. Por nada saber a respeito do referente cultural (ou conhecimento específico ou matéria) que deve ensinar, muitas vezes o professor usa da metodologia para mascarar a sua própria ignorância. Relato verídico que brota da memória: "A escola não conseguiu encontrar um professor de Física. Eu era professor de Matemática. A diretora veio e me avisou que eu deveria dar aulas de Física, do contrário os pais dos alunos ficariam insatisfeitos. Nada sabia de Física, mas tapei o buraco. Fui avisado às 4 horas da tarde e às 7 horas da noite já estava dando aula dessa matéria. Que preparo que nada! Segui o livro e foi tudo bem."

A metodologia-escudo não é uma raridade ou exceção dentro das escolas. Frequentemente o professor é jogado às feras e tem que — na marra — aprender na prática. Agora a pergunta: se desconhece a disciplina, como pode um professor estabelecer objetivos, estruturar um conteúdo, expor, avaliar a aprendizagem dos alunos, enfim, ensinar concretamente? As únicas saídas parecem ser, neste caso, estribarse no método milagroso ou adotar um livro (com muitas figurinhas) que lhe faça o serviço. Assim, o professor salva as aparências ou transcende as suas verdadeiras responsabilidades, atribuindo ao método ou ao livro didático uma função que é fundamentalmente sua. Daí o programa "prontinho" encontrar alta receptividade em diversas escolas. Daí a deterioração quase completa do real significado da palavra "educação"... Daí é que a vaca não sai mesmo do brejo!

Resta uma pergunta final: mas, afinal de contas, o professor deve ou não utilizar técnicas modernas de ensino? Ora, é lógico que deve, desde que elas façam parte de um planejamento bem fundamentado e sirvam como meios para se atingir certos fins educacionais. Além de saber como usar esses meios, o professor deve também saber por que os está utilizando. Pode ser redundante, mas vale a pena ser repetida a seguinte ideia: qualquer método ou técnica encontra seus fundamentos em uma psicologia educacional, o que, por sua vez, encontra seus fundamentos em uma filosofia da educação. O culto indiscriminado da técnica somente terá fim quando os professores se lembrarem dessa ligação ou, pelo menos, começarem a refletir sobre certas coisas que, para eles, supostamente são reservadas só para iniciados ou privilegiados. A educação brasileira não precisa de pílulas "metodologicol"; ela precisa, isso sim, é de uma injeção de filosofia e de política.

## Capítulo 2

# O dia a dia de um professor

Fato verídico! Tenho um amigo chamado R. B. J. Trinta e cinco anos. Careca. Solteiro e mora em São Paulo com sua mãe. Professor de Inglês, formado comigo em 1971, muito competente, vem batalhando no ensino há uns vinte e sete anos.

De nossas conversas (esporádicas e às vezes rapidamente feitas por meio de telefonemas), assimilando relatos orais daqui e dali, tentei elaborar um retrato da vida de um professor que trabalha nos níveis fundamental e médio do ensino. Devo confessar, de início, que talvez o R. não seja um bom representante da classe dos professores de Inglês que existe por aí, principalmente porque ele "sabe falar inglês" e, sempre que possível, prévia e ecleticamente, planeja seus cursos. Mesmo assim, acredito que muitas das facetas da vida deste meu amigo possam ser generalizadas a todos os professores da rede oficial de ensino.

R. trabalha em quatro diferentes escolas paulistanas. Uma bem distante da outra. Com muito esforço, sacrifício e economia, R. conseguiu comprar um carro — com ele, todos os dias, cruza os bairros de São Paulo a fim de ministrar as suas preciosas aulas. Atraso? De jeito nenhum, pois o professor deve estar na escola dez minutos antes de bater o sinal (a pontualidade também conta pontos...). Por analogia, o trabalho do meu colega mais parece o de uma abelha operária ambulante. O ferrão, neste caso, é a própria buzina do carro — não deve ser nada fácil enfrentar o trânsito e a poluição de São Paulo na procura do mel, isto é, do irrisório salário que provém das quatro escolas. Agressividade no trânsito e sorrisos na sala de aula... o professor deve ser, de fato, um eterno ator! E some-se a isto a angústia gerada pelo preço da gasolina e o seu salário que não acompanha os constantes aumentos...

R. tornou-se um exímio conhecedor da cidade de São Paulo. Um índio batedor, por assim dizer. Em verdade, quando quero saber onde fica tal rua ou escola eu imediatamente telefono para ele. Embora esse conhecimento seja um fator positivo — pois facilita as nossas comunicações —, ele decorre da própria instabilidade empregatícia do meu amigo. A cada início de ano, ele é obrigado a rodar pelas escolas à procura de aulas extras, em caráter temporário. As migalhas caem daqui e dali e nunca se sabe de onde vai brotar o ouro e o acampamento do "grileiro" se estabelece ao lado do veio que oferecer o maior número de vantagens (que jamais são ideais, é claro!). Às vezes R. levanta acampamento no meio do ano letivo ou porque chegou o dono da mina (o titular da cadeira, a gestante que estava de licença) ou porque um amigo do diretor veio cobrar um velho favor ou porque existe ciúme profissional entre os docentes ou porque a sua saúde e "cuca" simplesmente não aguentam mais. Instabilidade física, instabilidade emocional e instabilidade financeira — o professor do ensino fundamental é uma verdadeira "macaca de auditório" desse famoso trio.

Sábado, oito horas da noite. R. me telefona:

— Alô! R.? Como é que tá, homem?

— Reproduzindo as mesmas coisas de sempre. Cansado e com vontade de mandar tudo pro inferno.

— Calma lá! Problema profissional ou pessoal desta vez?

— E dá para separar os dois? Acabei de chegar do psiquiatra. Nunca fui muito de acreditar nessas coisas, mas agora tudo desceu de uma vez só.

— Então desembucha, vai!

— Estão fazendo um complô contra mim lá naquela escola particular. Reprovei alguns alunos o ano passado e o diretor inventou uma história, dizendo que o meu método não funciona e que eu sou da linha dura. Já estou cheirando desemprego pra logo, logo.

— Mas a tal escola não paga bem?

— Não é questão de dinheiro; é questão de princípio. Os que reprovaram nem fizeram as provas bimestrais, nem vieram às aulas. Apareceram como paraquedistas no dia do exame final. E presença era fundamental nesse curso, pois estava puxando a conversação.

— Tá explicado o psiquiatra. Planos?

— Procurar outro canto ou talvez voltar a trabalhar no escritório de despachante do meu irmão...

— É! Vai ser outra grande perda para a educação brasileira.

— E por acaso existe sistema educacional autêntico neste país?

A evasão de professores das escolas e universidades chega a ser um fato assustador. As mais-do-que-péssimas condições que o professor tem de enfrentar o obrigam a deixar o magistério — daí o chavão redundante: "se ficar no magistério é porque é ruim ou louco". "*Status* do professor já era", diz o outro. "Ensinar é dom e sacrifício", dizem as autoridades. "O trabalho do professor não traz divisas para o país", redundam os economistas. E R. tudo ouve, quer contestar, mas não pode, pois falta união entre os profissionais da classe (o sindicato é uma pura utopia ou um antro de pelegos) e porque tem de sobreviver de alguma forma. Por ele até que passaria fome, mas a sua família, a sua mãe...

R. dá setenta aulas semanais, distribuídas irregularmente nas quatro diferentes escolas. Sai de seu apartamento às 06h30min da manhã, para somente retornar às 10h00min da noite (morto de cansaço e doido para dormir). Às vezes ministra doze aulas sem parar, tendo que voar de uma escola para outra a fim de cumprir o horário. Ultimamente tem levado uma marmita com comida para o trabalho: "A cozinheira se assustou quando me viu esquentando a marmita no fogão da escola. Me disse que o professor devia comer em restaurante e não nos fundos de uma cozinha. Na verdade, estou com o saco cheio de sanduíche rápido!"

Sempre disse a R. que, para um professor de Inglês, a décima aula diária era qualquer outra coisa, menos aula.

Ou então o professor precisa de cordas vocálicas de aço para apresentar e dinamizar as lições — o que ele tenta dissimular, mas a sua voz já rouca demonstra que isso é a pura verdade. Pensando bem, não é só nas aulas de Inglês que isso acontece: o problema está presente em todas as disciplinas! Assim, conforme transcorre o dia, os alunos vão recebendo aula, três quartos de aula, metade de aula e nenhuma aula. E podemos culpar o professor por este estado de coisas?

Lembrando Euclides da Cunha: o professor brasileiro, neste momento histórico, é, antes de tudo, um forte. Forte em dois sentidos: figurado e não-figurado. No primeiro, o professor é um forte porque luta contra diversas situações aversivas, que o impedem de cumprir adequadamente as suas funções sociais. No segundo, o professor é um forte porque levanta, por necessidade, uma série de muralhas ao seu redor. Sendo assim, o professor é impedido de atualizar-se, é impedido de trocar ideias com outras pessoas, é impedido de renovar, é impedido de pensar e, o pior de tudo, é impedido de viver como ser consciente.

R., feliz ou infelizmente, continua batalhando no magistério. Ganha pouco, está ficando cada vez mais careca, desenvolveu uma úlcera estomacal, mas ainda acredita em uma reviravolta das coisas. Quando?

# Capítulo 3

# Malformado e mal-informado

Quando o médico erra, mata um só paciente. Quando o professor erra, congela a consciência de trinta, quarenta, cinquenta ou mais indivíduos. Se o congelamento ou embotamento da consciência for tomado como uma barreira à existência autêntica, então se pode inferir que o erro pedagógico também é um instrumento mortal. A paralisação da experiência talvez seja tão ruim ou até pior do que a própria morte física; ainda bem que a experiência humana é capaz de se reorganizar, do contrário já estaríamos vivendo em uma sociedade de robôs ou de zumbis...

A comparação entre as funções do médico e as do professor não é realmente inédita; vários autores já mencionaram essa delicada analogia. Porém, quase nenhum deles mencionou que o médico, para conseguir o seu diploma, também precisa ir à escola e que pode estar sentado entre os trinta ou quarenta sob a orientação de um professor assassino. E o negócio vai mais longe: se os erros pedagógicos persistirem durante a trajetória acadêmica de um futuro médico (ou outro profissional qualquer), pobres das pessoas que se deixarem envolver por suas garras.

Com o diploma debaixo do braço e "pronto" para ganhar a vida na sociedade de consumo, o profissional parece se esquecer do quanto deve à escola. Em verdade, a ânsia pelo diploma e o *status* de doutor ou bacharel muitas vezes impede os indivíduos de refletir mais criticamente sobre o fator educacional. Assim, qualquer proposta de ensino é uma maravilha desde que "não me faça repetir de ano" e "nem exija muito em termos de leitura, criação e reflexão". Neste momento histórico, o "ganhar a vida" sobrepuja o "pensar criticamente", colocando a autenticidade do processo educacional para escanteio.

A proliferação indiscriminada de faculdades parece ter contribuído, em muito, para este estado de coisas. Quem é que nunca ouviu falar das famosas "faculdades de fim de semana"? Sobre o assunto, até existe uma piada muito popular:

— Alô! É da casa do João Almeida?

— Não, aqui é da Faculdade X.

— Desculpe, foi engano!

— Engano não! Já está matriculado!!!

"Quem paga passa!" Com esse lema (ou isca) muitas faculdades rapidamente arrebanham seus alunos. Surge em tais contextos de fácil acesso, aquilo que vulgarmente é chamado de "aluno paraquedista" — aquele indivíduo que paga religiosamente as taxas escolares, mas que visita a fábrica de certificados duas ou três vezes ao ano. Farta distribuição de diplomas, principalmente na área de Ciências Humanas (Pedagogia, Letras, Direito etc.), resultando no aparecimento de pseudoprofissionais para inflacionar o mercado de trabalho.

Em tais "instituições de ensino", a rotatividade de professores é bastante alta. Nesse motel educacional nenhum professor consciente fica, pois não consegue suportar as incoerências do sistema: classes superlotadas (de real interesse aos cofres do diretor capitalista), pseudoavaliação dos alunos (a secretaria da escola toma conta disso também...), currículo desmantelado (sequência e unidade curricular somente vigoram no papel), alunos paraquedistas (a escola precisa desses alunos; vários atestados médicos ao final do semestre) etc. Em consequência, o nível de ensino deixa muito a desejar e, o que é muito mais grave, empurra para dentro da sociedade profissionais sem nenhuma base formativa ou que dirá informativa. E é esse, talvez, o motivo de a população já ter começado a olhar de esguelha para os profissionais recém-formados...

Mas enquanto certas profissões desenvolveram mecanismos de defesa visando à minimização de erros (estágios de treinamento, períodos de experiência e observação etc.), o professor continua aprendendo na prática. Até que estude e assimile o conteúdo de dois ou três livros didáticos, o professor continua colocando seus alunos na situação de simples cobaias. Quantos de nós não passamos pelas mãos do professor novato "que tremia lá na frente", "que dava fórmula pronta e mandava fazer os exercícios", "que dava a matéria

OS (DES)CAMINHOS DA ESCOLA

a partir de um caderninho secreto", "que pouco ou nada exigia", "que deixava colar" e "que passava todo mundo"? Quantos de nós não experienciaram uma mancha instrucional no currículo da escola? Quantos desiludidos não abandonaram a escola devido a ruídos e redundâncias nos programas de ensino? Quantos de nós não vibramos quando acontecia de surgir um educador dedicado e autêntico?

Além dos já mencionados, um outro fator que parece contribuir para com a má-formação do professor diz respeito ao "pedagogês" que é falado nas disciplinas ditas pedagógicas. Trata-se, mais especificamente, de chavões tradicionais que, por excesso de repetição, perderam o significado. Assim, é comum encontrar as frases "preparar o aluno para viver em sociedade", "levar o aluno à criatividade", "formar o bom profissional" etc. na parte dedicada aos objetivos gerais dos programas de ensino que circulam por aí. São sentenças memorizadas em aulas de didática ou copiadas literalmente de um manual de pedagogia. Os planejamentos de ensino primam pela redundância, pois raros são os professores que tentam refletir sobre o que é viver em sociedade, o que é criatividade, o que é ser um bom profissional em sociedade etc. O delineamento de objetivos — parte fundamental da organização de um programa de ensino — muitas vezes é visto como uma ótima ocasião para se repetir os chavões do vocabulário "pedagogês".

A repetição de planejamentos (e consequentemente de programas) de ano para ano parece contrariar aquilo que o bom-senso diz, ou seja, que deve haver flexibilidade e avaliação naquilo e daquilo que se planeja. Em nível do ensino, essas duas leis são fundamentais: a flexibilidade permite ao professor fazer a substituição ou ressequenciação dos itens do conteúdo programático conforme a estrutura cognitiva apresentada pelos alunos; a avaliação do planejamento permite ao professor refinar ou esmerar as suas propostas didáticas em termos daquilo que foi mais eficiente e eficaz no processo ensino-aprendizagem. O avanço técnico-científico em uma dada área do conhecimento, gerando a efemeridade de certas informações, torna essas duas leis ainda mais fundamentais — se o professor não tomar cuidado na seleção dos tópicos a serem ensinados, poderá estar preparando o aluno para uma sociedade passada, totalmente desvinculada do presente. Daí a reprodução, o não avanço da sociedade, a não-transformação cultural etc.

Falando-se ainda sobre o planejamento do ensino, um outro aspecto a ser lembrado diz respeito às expectativas estabelecidas pelo professor sobre o nível de conhecimento dos alunos. Em outras palavras, ao iniciar o processo de planejamento para uma determinada série escolar, o professor deve pressupor um conjunto de conhecimentos anteriormente adquirido pelo aluno; deve haver um "a partir daí". Tal pressuposição terá maior acuidade quando o currículo da escola atender aos critérios da unidade e continuidade, ou seja, uma coisa levando a outra ou um professor preparando a estrutura cognitiva dos alunos para conhecimentos posteriores. Assim, a nível curricular, a integração dos professores das diversas séries ganha um caráter deveras importante. Mas será que isso realmente acontece na prática pedagógica concreta?

Vários fatores parecem impedir o estabelecimento de uma sistemática de trabalho conjunto nas escolas. Os perigos da compartimentalização curricular já foram redundantemente comentados por outros autores e não merecem ser repetidos aqui. A atenção deve se dirigir ao problema da alta rotatividade de professores, discutido no início deste capítulo — o entra e sai ou a troca constante de professores em uma instituição corrói, na base, qualquer proposta curricular. Relato verbal de uma aluna de 7ª série, que enfrentou o problema: "No segundo mês de aula trocaram de professor. Quando a nova professora chegou na classe, disse pra gente esquecer tudo o que a outra professora havia dado. Começamos tudo de novo. E não foi só uma vez que isso aconteceu!"

David Paul Ausubel, pai da teoria da aprendizagem verbal significativa, em palestra proferida em Campinas (1975), disse que o professor deve "começar a ensinar a partir daquilo que o aluno já sabe". Mas será que este conselho pode ser seguido no contexto das escolas brasileiras? O sistema de recuperação, já "obrigatório" nas escolas, aponta para uma resposta negativa à pergunta, isto é, no período de uma ou duas semanas é impossível ensinar ao aluno tudo aquilo que ele não aprendeu em um ano. Em um contexto mais abrangente, os cursinhos, tentando recuperar os onze anos de ensino perdidos pelo aluno, também desmantelam quaisquer diretrizes que a teoria pode determinar. A rotatividade de professores nas escolas fecha o círculo, fazendo com que se torne muito difícil planejar a partir daquilo que "o aluno já sabe". E todos para frente. E a qualidade do ensino e da aprendizagem baixando de ano para ano.

E diante desse estado de coisas, vem à mente um trecho do poema *Liberdade* de Fernando Pessoa. Trecho este já presente no senso comum do povo e que precisa ser imediatamente erradicado através de um trabalho mais crítico na área educacional. Eis a fotografia da atitude de um aluno frente à educação: "Estudar é uma coisa em que está indistinta a distinção entre nada e coisa nenhuma".

# Capítulo 4

# Abaixo as muralhas da universidade

Uma frase, que recorrentemente martela a minha consciência, gerou este capítulo: "Mas se a gente não for às escolas de educação fundamental e média, os professores de lá nunca virão até nós!" Estava conversando com um colega (também professor universitário) sobre a crise da educação brasileira — falávamos, entre outras coisas, da acomodação do profissional, da necrose metodológica e informacional do professor, do tipo de ensino que se propõe nos vários níveis educacionais, da efemeridade das informações dos dias atuais, do crescente despreparo dos calouros universitários, das manchas instrucionais que se fazem presentes nos currículos, da desvalorização do professor etc. Afirmei, durante essa conversa, que uma das funções da universidade é servir a comunidade em todos os sentidos e que, sendo assim, também tínhamos uma certa dose de culpa pela crise do ensino brasileiro. Meu amigo sarcasticamente repetiu a estridente frase: "Mas se a gente não for às escolas de ensino fundamental e médio, os professores de lá nunca virão até nós!"

E a circularidade continua... a universidade encastelada, distante do que vem acontecendo nas escolas... os professores dos níveis anteriores no isolamento, em constante processo de reprodução... e na educação tudo girando em torno da ideia de Manuel Bandeira — "Os cavalinhos correndo e nós, cavalões, comendo". Gostaria de saber o que o professor de ensino fundamental e médio realmente pensa sobre os seus colegas que batalham na universidade; na falta de uma pesquisa elucidativa, resta apenas conjecturar acerca das razões para tal distanciamento e separação.

A reflexão começa pelos principais significados do verbo "servir". Numa primeira acepção, ele significa "estar a serviço de; ser útil a; estar às ordens de". Assim, tomando-se todo o contexto deste artigo, os professores universitários devem estar a serviço das escolas de educação fundamental e média, devem ajudar ou auxiliar os professores que trabalham nesses níveis. Numa segunda acepção, o verbo "servir" significa "aproveitar-se de; usar; utilizar-se de". Assim, a expectativa é que os professores dos níveis fundamental e médio aproveitem-se das pesquisas realizadas na universidade e sirvam-se dos serviços, instrumentos e meios que ela proporciona. Verifica-se, pela análise, que o referido verbo tem um caráter transacional, pois envolve uma relação vaivém entre duas ou mais pessoas; neste caso, algum tipo de comunicação entre professores universitários e professores dos níveis anteriores — esta comunicação deve partir, pelo menos, da intenção de uma das partes envolvidas no processo. A distorção do real sentido do verbo "servir" tem levado a resultados drásticos do trabalho educacional.

Do ângulo do pesquisador universitário, que investiga os problemas educacionais, o que se evidencia é o seguinte: em vez de "servir *a*", o investigador "serve-se *de*". Uma simples troca de preposições que desencaminha todo o objetivo da pesquisa nas escolas e raramente produz quaisquer mudanças ou inovações que beneficiem o ensino ou a aprendizagem dos alunos. Em contrapartida, na ótica do professor dos níveis fundamental e médio, o pesquisador universitário é aquele que chega, coleta os seus preciosos dados, vai embora e nunca mais aparece. Os resultados da pesquisa? Bem, eles serão publicados numa das poucas revistas que o professor jamais vai ler ou poderão ainda apodrecer nas prateleiras de uma biblioteca. Talvez toda a relutância das escolas fundamentais e médias quanto à implementação de pesquisas junto a seus alunos seja devida a este tipo de problema — o pesquisador educacional como um "estrangeiro" que nada propõe em termos de ação concreta.

Para o professor dos níveis fundamental e médio, a universidade tornou-se uma torre de cristal, rodeada de muralhas intransponíveis, de onde saem, vez ou outra, pesquisadores esotéricos que "vêm aqui botar defeito no meu ensino". Nesse sentido, o pesquisador, em vez de ser visto como um indivíduo que pode auxiliar, é tomado como um verdadeiro empecilho ao trabalho do professor "lá de baixo". Em contrapartida, na ótica do pesquisador educacional, surgem agudas críticas quanto à falta de receptividade das escolas em relação às investigações pedagógicas. E a reprodução continua sendo a mesma, tanto do tipo de levantamento feito, quanto do tipo de ensino proposto aos alunos. E, o que é pior, "os cavalinhos correndo e nós, cavalões, comendo".

No momento atual, a ponte que liga as universidades às escolas parece ser, única e exclusivamente, a pesquisa. Sem nenhum conhecimento da realidade educacional (ou muitas vezes um conhecimento totalmente alienante e livresco), o pesquisador, lá fechado em seu gabinete, tenta "adivinhar" um problema significativo e passível de ser investigado; às vezes, retoma as teorias inovadoras (?) estrangeiras ou até mesmo as implicações de estudos educacionais feitos no exterior e tenta validá-las no contexto brasileiro. Tese pronta, nível salarial mais alto e a escola que se dane! A maioria das investigações peca por falta de continuidade e acompanhamento no local de onde os dados se originaram. Mas, apesar de tudo, quem foi que disse que a pesquisa é a única via de acesso que a universidade dispõe para chegar às escolas? Ora, isso é restringir, por demais, as possibilidades de trabalho conjunto entre os níveis superior, médio e inferior.

Muitas vezes, os professores do fundamental e médio somente ficam sabendo dos trabalhos realizados pelos seus camaradas universitários através dos chamados cursos de extensão universitária ou de aperfeiçoamento. Fora da sua realidade escolar e distante dos seus reais problemas, o professor recebe, em 40 ou 60 horas, uma batelada de informações, que vai garantir dois ou três pontos a mais no seu currículo. As informações (juntamente com o crachá e as pastas distribuídas durante o curso) geralmente são engavetadas como lembrança — o programa de ensino a ser proposto aos alunos continua sendo exatamente o mesmo do ano anterior. Frases do tipo: "Metodologia maravilhosa, só que não se aplica à realidade de minha escola!", "Muito profundo para os meus alunos. Eles jamais entenderiam isso!", "Minhas classes são superlotadas. Não posso adotar essa técnica!", "Isso se aplica somente a uma escola de elite!", são pronunciadas ao final de tais cursos. Portanto, verifica-se que esses paliativos, por estarem desvinculados da realidade educacional de escolas específicas, produzem poucos efeitos na prática concreta. E tudo se reproduz: "Os cavalinhos correndo e nós, cavalões, comendo".

As revistas especializadas, que poderiam ser um meio de atualização dos professores, também deixam muito a desejar. Não pelo número de revistas existentes no mercado ou pela qualidade das pesquisas e ideias veiculadas, mas pelo próprio sistema de circulação de informações pedagógicas. Em verdade, o número de pesquisas e revistas na área da educação vem aumentando gradativamente, porém as informações raramente são lidas e/ou discutidas pelos professores. Além da ausência de bibliotecas especializadas nas escolas de educação fundamental e média, existe o fator "tempo para leitura" que diretamente atinge o professor — com o número de aulas que tem para ministrar, dificilmente sobra tempo para uma leitura de atualização. Por outro lado, o fato de ter que trabalhar em duas ou mais escolas, ao mesmo tempo, impede o professor de discutir mais criticamente os aspectos relacionados com a melhoria de ensino em sua área especifica e, por que não dizer, em todo o contexto da escola. E tudo se reproduz...

Os estágios supervisionados são um outro problema: pela falta de planejamento e controle, eles se resumem a visitas de observação para "contar quantas salas de aulas existem em uma escola". Outras vezes, o que não é muito infrequente, os estagiários persuadem a secretaria de uma escola a carimbar a folha de observação e inventam dados a bel-prazer. O estágio que, por natureza, pretende ser um período de aprendizagem do futuro professor, também se evidencia como sendo um verdadeiro abismo entre a universidade e os níveis de educação básica. E, o que é pior, "os cavalinhos correndo..."

O fenômeno do enclaustramento somente terá fim quando os professores romperem as muralhas da universidade a fim de procurar a viabilização de trabalhos conjuntos, a médio e a longo prazos. Quando assimilarem e praticarem o significado profundo do verbo "servir". Quando olharem mais criticamente para a pesquisa educacional e aplicarem seus resultados (se viáveis e bem fundamentados) na prática concreta. Quando visitarem mais frequentemente as universidades — não só as faculdades de educação — para um "papo" mais produtivo com seus professores. Agindo assim, isto é, levando e discutindo seus problemas com os investigadores universitários, os professores poderiam ver nascer pesquisas mais significativas, que realmente iluminem a sua prática pedagógica concreta. Além disso, como o pesquisador está (ou deveria estar) interessado nos problemas do contexto educacional "brasileiro", haveria a possibilidade de se estruturar serviços de assessoria, mais contínuos e frequentes; com isso se evita a pesquisa "entra e sai" e se criam outras formas de comunicação entre os docentes dos diversos níveis educacionais.

Tal proposta, é claro, vai depender do grau de abertura e receptividade dos próprios professores universitários. Vai depender de uma mudança de perspectiva: a escola como sendo uma instituição cultural que merece assistência permanente e não como um simples laboratório para experimentos inconsequentes. Vai depender da vivência de situações concretas, longe de gabinetes. Vai depender de trabalhos mais autênticos, que levem a mudanças concretas da realidade educacional. Ressalto, entretanto, que o Departamento de Metodologia de Ensino onde trabalho raramente ou quase nunca recebe visitas dos professores das escolas básicas. Em meu caso específico, como especialista em leitura, jamais recebi a visita de um professor de nível médio para discutir problemas de leitura nas suas escolas — isso em trinta e cinco anos de vida universitária. E existe uma crise de leitura no Brasil, não existe?

"Mas se a gente não for às escolas de ensino fundamental e médio, os professores de lá nunca virão até nós!" O círculo vicioso fica, mas fica também uma proposta de união entre os professores dos diversos níveis. Precisamos acabar com essa ideia de muralha universitária — a universidade está aí para "servir a". Quem quiser que a visite, proponha, discuta, levante problemas, enfim que "sirva-se *de*".

## Capítulo 5

# "A educação e o trabalho": análise da análise

A seriedade de um debate somente se configura através de argumentos fundamentados na realidade concreta. Isto quer dizer que quando um indivíduo se propõe a discutir uma problemática nacional, defendendo uma determinada posição, a expectativa é que ele possua fatos concretos para sustentar o seu posicionamento. Se assim não for, a argumentação não pode ser chamada de *séria* (que traz benefício à cultura) e ganha uma imagem de especulação, piada ou brincadeira.

Adonias Filho, em artigo recentemente publicado nesta seção (Debates "Educação e Trabalho", *Folha de S.Paulo*, 28 jun. 1979), somente pode estar *brincando de fazer debate*. O autor tenta penetrar em um horizonte da cultura — a relação escolaridade-trabalho — utilizando conceitos superficiais e fatos isolados. Com tantos louros no rodapé (presidente disso e daquilo), esperava-se uma dose maior de seriedade e criticidade. As afirmações sólidas nascem da vivência do real, geradora do conhecimento; designar o real ou sobre ele fazer afirmações sem essa vivência é simplesmente *falar*, mas não *dizer* absolutamente nada. Cabe aqui, então, uma análise do que foi *falado* no referido artigo.

Adonias Filho defende a ideia de que a exigência de escolaridade para o exercício do trabalho é e sempre foi "uma imposição injustificável", deixando isso bem claro na sua conclusão: "o trabalho, afinal, dispensa a escolaridade porque, como aprendizagem, vale tanto ou mais que o sistema de ensino". O peso de uma conclusão avaliativa, que delineia a postura argumentativa daquele que se propõe a debater, deve ser buscado na aproximação das premissas com a realidade concreta. Se as premissas forem *ideais* (e não *reais*), então o valor da conclusão se dilui e o posicionamento passa a ser não sério.

Vejamos as premissas apresentadas pelo autor.

"A exigência de escolaridade é privilégio — a escolaridade [...] não assegura competência assim como o nível universitário não corresponde a saber e, muito menos, atualização de saber." Que o acesso à educação neste país seja um privilégio da burguesia vai lá, mas denegrir as funções da escola e da universidade é distorcer os seus verdadeiros fins. A existência de escolas não se justifica somente pela formação de mão de obra especializada para a indústria capitalista; pelo contrário, em uma sociedade tão injusta como a nossa, as funções primordiais da escola são *conscientizar, questionar, transformar*. O profissional, autossuficiente ou formado pela escola, de maneira nenhuma se desvincula de certas relações de trabalho — nesse sentido, pode-se *domesticar* o indivíduo para viver essas relações (o que muito bem atende aos interesses da classe dominante) ou formá-lo criticamente para questionar e transformar essas relações. Isto quer dizer que, além de uma função técnica ou pragmática, a educação para o trabalho apresenta dimensões políticas e sociais, que se colocam fora do círculo de interesses dos empresários capitalistas. Por outro lado, se a escola não está profissionalizando adequadamente (o que é propósito da Lei n. 5.692, em vigor em 1978), é porque não tem condições concretas para isso — veja, por exemplo, as classes superlotadas, os alunos com fome, a falta de equipamentos, o salário do professor etc.

"A exigência de escolaridade, já um arcaísmo face ao novo conceito de aprendizagem, pois que, como diz Mário Sarubbi, os meios de difusão e o consumo cultural são mais importantes que o sistema escolar [...]." Refuta-se, perguntando: Quais são os meios de difusão que mostram os verdadeiros problemas da sociedade brasileira? Quais são os programas de televisão que *realmente* conscientizam? Qual é o número de leitores do Brasil? A educação visa ao consumo da cultura ou à produção da cultura? Quem efetivamente controla os meios de difusão neste país? Existe liberdade de imprensa? (Lembro ao autor que o caso "Diaféria" é bastante recente...)

"É tudo porque, se o 'sistema escolar' com ênfase sobretudo na universidade é de fato um círculo opressor por sua vez dominado pelo enciclopedismo e pedagogismo ortodoxos — confundindo-se a educação com um recinto fechado quando efetivamente é uma atividade — o 'sistema educativo' tem a sua validade na certeza de que não existe qualquer limitação para a educação a não ser as aptidões individuais." Fundamentando-se num tal de Mario Sarubbi (que propõe uma diferença entre sistema educativo e sistema escolar), o autor recoloca a velha distinção entre educação sistemática e assistemática, ou ainda, educação formal e educação permanente. Ao criticar a educação proposta pelas escolas, o autor pressupõe que a sociedade, através de suas outras instituições, efetivamente educa. Mas isto é esquecer que a sociedade civil brasileira está impedida de falar com liberdade; isto é esquecer que as classes oprimidas não têm acesso aos produtos culturais e muito menos aos "meios de difusão"; isto é idealizar cidadãos com tradição democrática e dispostos a cooperar na educação da juventude.

Darcy Ribeiro, em sua obra *A universidade necessária*, diz que o principal objetivo do ensino superior é o desenvolvimento da *consciência crítica*. Consciência de que somos um país subdesenvolvido, vivendo em um regime de privilégios, com uma grande faixa da população totalmente marginalizada. A universidade, diz o autor, não pode ser desvinculada da sociedade circundante: se a situação social oprime, a universidade deve lutar contra a opressão; se o regime é injusto, a universidade deve lutar contra a injustiça; se o povo não está politizado, a universidade deve lutar pela sua politização; se o desenvolvimento do país é reflexo, a universidade deve lutar pelo desenvolvimento autônomo; se a mão de obra é explorada, a universidade deve lutar pela não exploração do trabalho. Assim, o "círculo opressor" deve ser buscado nas próprias contradições da sociedade brasileira e não nas reais funções da universidade — educação não é e nunca foi domesticação do homem!

"Nos tribunais, nos hospitais, nas fábricas e nos laboratórios [...] qualquer trabalhador, diplomado ou não, pode alcançar o nível mais apropriado do saber. É o trabalho, pois, que promove a aquisição do saber profissional e o atualiza, como provam os professores que ensinam o que não aprenderam na universidade." Mas, mesmo que esses contextos pudessem veicular o "saber profissional", eles não levam o indivíduo a *outros tipos de saber*. A justiça, a saúde e o trabalho fabril, presentes nos contextos mencionados, enfrentam um momento de profunda crise devido ao controle imposto pelo Estado. Insatisfeitos (as greves demonstram isso), será que os indivíduos desses contextos serviriam como bons exemplos àqueles que não sabem? A educação pressupõe ética e tradição, aspectos estes que ultrapassam em muito o mero *treinamento* para o exercício de uma profissão. Resta questionar, então, o que o autor entende por "nível mais apropriado do saber".

"Se você pode executar o serviço, não deve importar ao empregador como aprendeu. Se você pode dar conta do trabalho, deve ficar com o emprego e não depender de um pedaço de papel fornecido por uma universidade." Aqui a noção de trabalho se restringe bastante: é visto como o *serviço do homem* a um empregador. Ora, será que o autor do texto não sabe que o salário mínimo não vai muito além da casa dos R$600,00? Será que ele não sabe que até mesmo os jornalistas são explorados por seus patrões? Pode-se "executar o serviço" tanto consciente como inconscientemente; o autor parece defender a ideia de uma sociedade de autômatos e uma realidade fixa.

Adonias Filho fundamenta sua posição a partir de filósofos como John Dewey, Karl Jaspers e de um futurólogo chamado Alvin Tofler. Deve-se ressaltar que John Dewey dirigiu suas reflexões para os problemas da sociedade norte-americana (e não da brasileira), e mesmo assim diz Dewey: "A crença de que toda educação genuína nasce da experiência não significa que todas as experiências são genuínas ou igualmente educativas. Experiência e educação não podem ser diretamente equacionadas" (*Experience and education*, p. 16). Karl Jaspers é defensor de uma realidade cartesiana e não dialética... Alvin Tofler toma como parâmetro a sociedade pós-industrial norte-americana (e não a brasileira), suas previsões futuristas valem para "o que é bom para eles" e que talvez não seja bom para nós. Como pode o oprimido e miserável brasileiro transformar-se em uma pessoa motivada e autodidata? Abraham Maslow propõe uma hierarquia das necessidades humanas em seu livro *A theory of human motivation* — seria importante lembrar ao Sr. Adonias Filho que, antes de chegar ao desejo de conhecer e compreender os segredos de uma determinada profissão, o indivíduo precisa estar com suas necessidades fisiológicas (fome, sede), de segurança, de amor, de estima e de autorrealização plenamente satisfeitas. Será que a sociedade brasileira propõe condições para o indivíduo satisfazer essas necessidades?

O autor ainda fala que, em 1978, apenas dez ou vinte por cento da juventude brasileira usufruem do sistema superior de ensino e que os alunos vão à universidade "tão somente para uma colocação privilegiada no mercado de trabalho". Ora, isso é um problema social maior, que extrapola o âmbito da escola. A maioria dos alunos não chega à universidade por diversas razões: número limitado de vagas, escolas sem condições de funcionamento, material escolar caro, serviços precários de orientação etc. Isto não quer dizer que a escolaridade proposta pela universidade seja injustificável, mas aponta para o fato de que existe injustiça social e que as oportunidades educacionais não são iguais para todos. As críticas, portanto, não devem se dirigir ao sistema de ensino, mas àqueles que são responsáveis pelo planejamento da educação deste país. O autor sabe alguma coisa sobre a verba que é dedicada à educação do povo? O autor já observou que alguns dos grandes movimentos de contestação nasceram dos "privilegiados" que estão na universidade?

Como Adonias Filho *executa serviços* de literatura e jornalismo, gostaria de, baseado em minha "erudição universitária", remetê-lo à leitura de um trecho veiculado por Bertolt Brecht: "Quem, nos dias de hoje, quiser lutar contra a mentira e a ignorância e escrever a verdade tem de superar ao menos cinco dificuldades. *Deve ter a coragem* de escrever a verdade, embora ela se encontre escamoteada em toda parte; *deve ter a inteligência* de reconhecê-la, embora ela se mostre permanentemente disfarçada; deve entender da *arte de manejá-la* como arma; deve ter a *capacidade de escolher* em que mãos será eficiente; *deve ter a astúcia* de divulgá-la entre os escolhidos. Estas dificuldades são grandes para os escritores [...], mas existem também para aqueles que fugiram ou se asilaram. E mesmo para aqueles que escrevem em países de liberdade burguesa" (*Cadernos de Opinião*, n. 34).

## Capítulo 6

# O problema das normas linguísticas

Em uma de minhas andanças por esse Brasil afora, preguei que as principais funções da escola eram a criação de cultura e a transformação da sociedade. Logo após a palestra, uma professora de Português (dessas que só entendem o ensino da língua — Comunicação e Expressão — (delete-se em vermelho) como a "decoreba" de gramáticas normativas) veio correndo até mim e perguntou: "Mas como fica o problema da norma linguística? Ela *não* pode ser transgredida ou transformada, não é mesmo?"

Cansado como estava, não pude refletir e responder na hora a esta pessoa que concretamente encarnava o demônio da "fúria gramatical". Prometi, entretanto, uma resposta por escrito à professora. Provavelmente seus alunos passavam o ano letivo decorando as leis imutáveis do "que" e do "se". Em benefício principalmente de seus alunos resolvi dirigir algumas palavras a esta "rainha da sintaxe" — possivelmente existam outras seguidoras assíduas, sofrendo do mesmo mal. Existem muitos inocentes úteis dentro do nosso sistema educacional...

Foi este o produto de minha reflexão:

Quem estabelece o que é certo em termos de língua é o falar cotidiano do próprio povo e não aquilo que é fixado em gramáticas normativas. A língua, sendo a representação de uma cultura em constante mudança, também se transforma ao longo do tempo — isso acontece em todos os níveis: fonêmico, morfológico, sintático, semântico e pragmático. Nesse sentido, desde que comunique as intenções de significado entre as pessoas, nas suas interações dentro da cultura, qualquer construção gramatical é correta e deve ser aceita.

A burguesia criou algo chamado "língua culta" a fim de diferenciar-se do povo. Assim, as normas linguísticas deixam de ser instrumentos que podem auxiliar uma comunicação mais clara entre as pessoas (falantes da mesma língua) para se transformarem numa arma de opressão — elas (as normas) simplesmente diferenciam os indivíduos, colocando-os em diferentes classes sociais. Nesse sentido, não é difícil observar que as propostas para um "falar padrão" no Brasil seguem modelos propostos pelas classes dominantes ou por gramáticos a serviço do sistema...

A gramática, qualquer que seja, se propõe a analisar a língua através de cortes diacrônicos ou sincrônicos e, por isso mesmo, é incapaz de captar o desenvolvimento do "agora" da língua. Toda gramática é cristalização do passado — um passado que toma o erudito (burguês) como padrão.

A norma linguística deve ser sempre repensada à luz do *modo* pelo qual os homens se comunicam nas suas interações sociais. Daí as críticas mais recentes sobre aquelas cartilhas de alfabetização, que são fabricadas segundo modelos da classe dominante, enquadradas dentro de certos esquemas ideológicos, desligadas daquilo que o povo pensa, sente e fala.

Por outro lado, o homem, ao transformar a natureza e interagir com o mundo através de signos, cria linguagens e transforma a língua. Assim, o grau de validade de uma norma não é o "cego seguir de normas gramaticais", mas sim a taxa de comunicação que resulta da tramitação dos significados presentes na cultura. Daí os poemas mais criativos e inovadores irem totalmente contra as normas congeladas em quaisquer gramáticas normativas.

Em termos educacionais, ao forçar um aluno a "seguir a norma", o professor pode simplesmente distanciar-se do falar "real" cotidiano (aquele que o povo fala), impedindo que o Ser do aluno se expresse com liberdade. Repito: o certo da língua está na comunicação do próprio povo (independentemente de classes sociais) e não naquilo que foi mumificado em gramáticas.

# Capítulo 7

# Epidemia na e da pesquisa

Pesquisa aqui, pesquisa lá, pesquisa acolá — todos têm de investigar, antes de propor quaisquer soluções para os problemas educacionais! Os diretores devem investigar as necessidades da comunidade, antes de começar a atendê-la; os supervisores precisam levantar os problemas da escola, antes de começar a organizá-la; os professores têm obrigação de saber os interesses e atitudes dos alunos, antes de começar a ensiná-los; os alunos também devem entrar no carnaval da pesquisa. Não importa o tipo, natureza ou finalidade da investigação, deve-se, simplesmente, conduzi-la.

Problema, hipótese, coleta de dados, estatística, conclusões. Problema, hipótese, coleta de dados, estatística, conclusões. Problema, hipótese... e, assim, a pesquisa vai deixando de ser uma inquietação do homem diante do desconhecido para ser um ato estereotipado de pensar a realidade. Segundo os ortodoxos, pesquisa que foge aos padrões clássicos não é pesquisa, é mero diletantismo ou especulação do inquiridor... Perdoai-os, Senhor!

Reinado absoluto do binômio metodologia-estatística na área de ciências humanas! Será que a consciência e a potencialidade de um aluno podem ficar sujeitas aos ditames da curva normal? Será que o SER do homem não foge aos limites do desvio padrão? Será que tal inferência sobre o comportamento do homem tem mesmo um alto grau de probabilidade de ocorrência? Será que este tipo de pesquisa realmente serve para descrever características essencialmente humanas? Será que o ser humano porta-se ou comporta-se no mundo?

"Mas foi *essa* a pesquisa que aprendi a fazer!", diria o investigador ingênuo. Sem jamais ter questionado os pressupostos que orientam essa busca estereotipada, o pseudo-inquiridor vai repetindo, generalizando e publicando as suas conclusões ao nível de .05. Para ele, os dados quantificáveis parecem ser mais verdadeiros, pois desconhece aqueles fenômenos que somente podem ser entendidos qualitativamente. Pergunta-se: seria isto uma outra superstição criada pela tecnologia desembestada? Seria o cálculo a única via de acesso à verdade?

Muitas das pesquisas educacionais nunca deveriam ser guardadas nas prateleiras de uma biblioteca; deveriam, isto sim, ir direto para a lata de lixo ou, por mais cuidado, serem imediatamente incineradas. Pesquisas alienígenas (estruturadas segundo -ismos gerados no exterior, como disse Luís Antônio Cunha numa de suas monografias),[1] sem nenhum compromisso com a realidade social brasileira. Pesquisas

---

1. CUNHA, Luís Antônio. *Os (des)caminhos de pesquisa na pós-graduação em educação*. Monografia distribuída no "Seminário sobre a produção científica dos

OS (DES)CAMINHOS DA ESCOLA

metodologicamente capengas (na maioria, "estudos superficiais", como mostrou Aparecida Joly Gouveia em levantamento feito no início de 1970),[2] cujos resultados dificilmente podem ser generalizados. Enfim, pesquisas acríticas, não reveladoras, que são elaboradas a partir de financiamento benevolente, fornecido pelas autoridades dominantes.

Culpa do pesquisador? Talvez não seja. A maioria dos cursos de metodologia científica em educação parece veicular somente um tipo de pesquisa: aquela que nasceu do naturalismo animalesco. Nesse contexto, não existem "diferenças significativas" entre homem e animal — o que vale para um vale para o outro e vice-versa. O rato se frustrou, o homem também vai se frustrar. O pombo, sob controle, bicou trinta vezes o alimentador, o homem, sob controle, vai fazer tudo o que o experimentador mandar. O cão salivou ao toque da campainha, o homem somente vai pensar à vista do doce. O choque elétrico mostrou-se eficaz na modelagem do comportamento do animal, o choque elétrico deve ser utilizado na modificação do comportamento humano. Ora, não é chegada a hora de se questionar tais tipos de banalidades?

Às vezes, a pressa em conseguir evidências "científicas" para orientar a ação pedagógica impede certos educadores de dar uma espiada na estatística utilizada pelo investigador. Em realidade, isso pode ser deixado de lado, pois são poucos os educadores que sabem interpretar dados estatísticos a

---

programas em educação: linhas de pesquisas, teses e integração discente". Curitiba: Universidade Federal do Paraná, maio 1978.

2. GOUVEIA, Aparecida Joly. A pesquisa educacional no Brasil. *Cadernos de Pesquisa*, São Paulo, Fundação Carlos Chagas, n. 1, jul. 1971.

contento — aqui o conhecimento não vai além de porcentagem, média e desvio padrão (quando muito, é claro); as estatísticas inferenciais não paramétricas se configuram como sendo um bicho de sete cabeças. Assim, o vamos direto às conclusões torna-se o único critério para a interpretação das pesquisas educacionais. Deixa para lá os "furos" no procedimento e na análise estatística dos dados, o computador mostrou haver diferenças e correlações significativas, portanto...

Tal analfabetismo estatístico faz com que o educador recorra a outros especialistas na hora de analisar os dados coletados na sua pesquisa. É daí que surgem as grandes saladas computacionais, com um outro profissional, que não o próprio educador, ditando todas as regras do jogo. Variável contínua ou discreta? Análise fatorial ou discriminativa? Correlação simples ou múltipla? Ao nível de .05 ou .01? Correlação de Pearson ou Spearman? O educador olha de lado, faz o sinal da cruz e inicia uma verdadeira sessão de psicanálise simbólico-numeral com o estatístico aconselhador. Traumas que surgem nessa sessão de agonia: defeitos crassos no instrumento, hipóteses mal formuladas, problema indefinido, erros na operacionalização das variáveis etc. "Mas tenho data marcada para a entrega da tese..." e daí nasce mais uma outra pesquisa a ser descartada através da incineração.

Existem mestrandos (ou até mesmo doutorandos) que por intolerância à ambiguidade, emitem comportamentos de fuga e de esquiva ao se aproximarem do estímulo aversivo "pesquisa":

— Alô, é da Companhia X?

— Sim, em que posso servi-lo?

— Bem, quanto vocês estão cobrando por tese de mestrado?

— Depende. De quantas páginas?

— Umas duzentas por aí.

— Precisa citar a bibliografia? Com ou sem notas de rodapé?

— Quero cinco folhas de bibliografia e umas trinta notas de rodapé, distribuídas no corpo da tese.

— De autor estrangeiro ou só nacional?

— O maior número possível de estrangeiros.

— Básica ou aplicada?

— Aplicada. Sobre um problema educacional qualquer.

— Quantas cópias da tese o senhor precisa?

— Não sei. Quantas vocês indicam? É para a instituição Z.

— Bem, para essa aí o senhor vai precisar de quinze cópias.

— E vai ficar muito caro?

— O senhor vai pagar tudo de uma vez ou vai querer parcelado?

— Parcelado. Sou professor da rede oficial, sabe? Estou numa pindura desgraçada.

— À vista fica em 18 mil; em quatro vezes sobe para vinte; em seis vezes, para 22. Mais que seis vezes não fazemos. Para quando o senhor quer o produto?

— Preciso disso para agosto, mas gostaria de recebê-lo em junho para memorizar o nome dos autores estrangeiros.

— Então passe por aqui para a gente conversar os detalhes do pagamento. Mas venha logo, senão alguém lhe rouba o lugar.

— Ah, só mais uma coisa: vocês entregam tudo já encadernado?

— Claro que sim! Esta Companhia preza pela qualidade, companheiro!

— Ok! Então reservem um lugar para mim. Passo hoje à tarde por aí.

A problemática em torno de teses clandestinas foi bastante discutida pela imprensa há pouco tempo atrás. O mercado negro das encomendas intelectuais deve ter diminuído porque o salário do educador não acompanhou o preço de venda, imposto pelas empresas que cometem este tipo de selvageria. Tudo que o educador tinha de fazer era estabelecer a data de entrega e especificar a sua área de interesse; o produto era fabricado, "dentro dos padrões estabelecidos", por um grupo de indivíduos inescrupulosos, que conhecia a mecânica para a montagem de trabalhos "científicos", mas que não apresentava nenhuma sensibilidade, frente aos reais problemas da educação brasileira.

Culpa do educador? Talvez não seja. Segundo se diz, uma organização capitalista surge no mercado a fim de satisfazer as necessidades sentidas pela sociedade; assim,

OS (DES)CAMINHOS DA ESCOLA

a lei da oferta e da procura não perdoou nem mesmo os valores fundamentais da educação! E falar sobre honestidade intelectual a esta altura dos acontecimentos seria chover no molhado.

Uma outra fuga comportamental apresentada pelo pesquisador educacional está, na prática, diretamente relacionada com a tese do tipo "colcha de retalhos". "Segundo W...", "De acordo com Y...", "Como mostra K...", "Isto foi confirmado por W e Y em...", "Nas palavras de W, Y e K...", "K e W já diziam que..." etc. — alguns trabalhos de pesquisa são meras edições repetitivas de descobertas feitas por outros investigadores. De praxe, W, Y e K são autores estrangeiros que descobrem as peculiaridades da realidade escolar brasileira. De recorte em recorte, vai crescendo a importação de cultura, o que manda para as cucuias quaisquer tentativas de conhecimentos educativos essencialmente nacionais. E já que se está falando em citação, bom mesmo é lembrar-se das seguintes palavras: "Um estágio fundamental na superação da dependência é a capacidade de produzir obras de primeira ordem, influenciadas não por modelos estrangeiros, mas por exemplos nacionais anteriores".[3]

Sábias palavras de Antonio Candido, mas pelo jeito em que andam as coisas, parece não ter existido, no Brasil, bons "exemplos anteriores" a serem seguidos. Importante ressaltar que o "exemplo anterior" exige conhecimentos históricos; mas quais são os educadores que levam a sério a história

---

3. CANDIDO, Antonio. Literatura e subdesenvolvimento. *Revista Argumento*, São Paulo, n. 1, p. 17, out. 1973.

da educação brasileira? O "desenvolvimento" educacional parece ser impulsionado pelo toque de caixa dos modismos alienígenas: deu certo lá, vai dar certo aqui. Quem quiser maiores evidências sobre a gravidade do problema, que dê uma espiada na parte bibliográfica das pesquisas educacionais, que faça um balanço dos educadores brasileiros mencionados nos relatórios. Favor não se assustar com a evidente descoberta!

Uma outra esquiva, ainda, é o chamado "pegar no pé do orientador da tese". Por não ter um problema de pesquisa coerentemente explicitado, por não saber o que é relevante em termos de um inquérito na área educacional (lá vem outro plágio!), por desconhecer os chamados "passos da investigação científica" ou até mesmo por ignorância do que vem a ser uma instituição escolar, o futuro mestre (ou doutor) gruda-se ao orientador como um verdadeiro carrapato. O verbo "orientar", que por definição significa "encaminhar", passa a ter o significado de "dar mamadeira", "trocar o cueiro", "resolver angústias" ou "alfabetizar". No cômputo final do trabalho, 95% das reflexões foram feitas pelo orientador e 5% (às vezes, nada), pelo candidato. Deve ser este o exato motivo de os orientadores ficarem tão relutantes e apreensivos, hoje em dia, quanto à aceitação ou não de um candidato. Há quem aguente?

Não se deve pensar que esta reflexão tenta pregar um nacionalismo barato ou um isolacionismo intelectual. Pelo contrário, o principal objetivo é chamar a atenção do leitor para o tipo de pesquisa (?) que está sendo realizada no campo educacional. Defende-se a ideia de que a investigação padronizada, forçada e artificial na área da educação certamente não abrirá novos horizontes para a ação pedagógica do professor e muito menos para a melhoria das escolas brasileiras. Quando muito, essas pesquisas "carbono" servirão apenas para estufar o acervo de bibliotecas (o que é uma pena) e/ou para o cumprimento de pré-requisitos para uma determinada titulação (o que é uma lástima).

Concluindo, deve-se ressaltar que, mesmo sendo exceções, existem bons trabalhos realizados na área educacional. Entre outros, pode ser encontrada, na distância de uma livraria ou boa biblioteca, toda a riqueza de pensamento de Paulo Freire. Quem quiser sair do parasitismo pedagógico que a leia. Vai lá, meu filho, vai lá!

## Capítulo 8

# Escola de rico e escola de pobre

— Professor, somos do curso de Licenciatura e temos que fazer uma pesquisa em escola...
— Vocês já estabeleceram o problema da investigação?
— Ainda não. Estamos interessados em leitura e a nossa professora disse que o senhor talvez pudesse ajudar a gente.
— Essa realmente é a minha especialidade. Só que existe muita coisa nessa área. Em que, mais especificamente, vocês estão interessadas?
— A gente está pensando em observar a utilização da biblioteca numa escola de rico e numa escola de pobre.
— Para que vocês querem fazer isso?
— Bem, a partir do que a gente observar, vamos tentar propor algumas melhorias nessas bibliotecas.

— Tá legal! Vocês já leram algo sobre sistemas de utilização de bibliotecas? Sobre o papel da leitura no campo educacional?

— Nada! O senhor tem aí algum artigo que trate do assunto? Foi uma preocupação que nasceu lá no curso, mas a gente está com uma vontade imensa de trabalhar nessa área.

— Pois bem! Vou orientar vocês nessa busca. Levem e leiam estes artigos aqui e depois voltem para estruturarmos a pesquisa.

Era começo de junho de 1978. Já um pouco preocupadas com a data para a entrega do trabalho, Vera Regina e Suely — duas alunas do curso de Licenciatura — me procuraram para pedir orientação de pesquisa. Queriam fazer um estudo comparativo entre as condições de duas bibliotecas: uma para alunos ricos e outra para alunos pobres.

Ainda que relativamente "verdes" no assunto, as alunas partiam de um pressuposto que achei relevante, ou seja, de que realmente existe escola de rico e escola de pobre em nossa sociedade. Por outro lado, somente o fato de elas desejarem sair dos limites do *campus* universitário a fim de observar como a leitura se realiza na realidade escolar concreta já justificava o incentivo e orientação.

Na primeira visita, forneci às duas alunas apenas alguns artigos que tratavam de aspectos gerais do ato de ler: importância, natureza, habilidades de leitura etc. Pedi que voltassem, pois gostaria de lhes entregar outros materiais mais diretamente relacionados com a utilização de bibliotecas escolares. Somente no final de junho elas apareceram... com o trabalho monográfico totalmente pronto!

Fiquei um pouco aborrecido com as alunas, pois queria que elas estruturassem melhor a observação das bibliotecas. Em outras palavras, queria que elas travassem contato com algumas teorias e sistemas sobre a circulação de livros em bibliotecas públicas. Refletindo melhor sobre o assunto, achei que, neste caso, a não leitura de trabalhos anteriormente feitos era um fator positivo, pois as alunas fenomenologicamente relatariam aquilo que lhes brotasse na consciência. A seguir, transcrevo e comento alguns trechos das observações realizadas a partir daquilo que elas conseguiram tematizar.

"A leitura é de vital importância por ser *um instrumento básico para aquisição e retenção de novos conhecimentos*, tornando a mente do leitor mais aberta, dando margem a debates com raízes sólidas, *fundamentadas em algo mais concreto do que um apenas 'acho que...'*"[4]

São estabelecidas, nesta citação, duas relações fundamentais: leitura-aprendizagem e leitura-argumentação. É fato que apesar das inovações tecnológicas no campo do ensino, o livro continua sendo o principal veículo de transmissão e aquisição de cultura — ele "abre a mente", como disseram as alunas. Por outro lado, a marcante presença de outros meios de comunicação (televisão, rádio, quadrinhos,

---

4. Todas as citações deste artigo foram literalmente retiradas do trabalho das alunas Vera Regina Laponara e Suely Zumi Idayashi para a disciplina EL-530 (*Didática I*, Faculdade de Educação, Unicamp; os grifos são do autor).

discos etc.) no lar do estudante faz com que a responsabilidade pelo desenvolvimento do hábito de leitura recaia quase que exclusivamente sobre a escola. Em verdade, são poucas as famílias brasileiras que dosam os momentos de recepção das informações veiculadas pelos diversos meios. Assim, apesar do banho imagético e sonoro que o aluno recebe no lar, na sala de aula ele "tem de ler"!

O sair do "acho que", também proposto pelas alunas, diz respeito ao levantamento de evidências para a realização de confrontos argumentativos. Isto quer dizer que para sair do campo da opinião generalizada o indivíduo deve ler. Isto ainda quer dizer que o livro se coloca como a principal via de acesso que o indivíduo pode dispor para ultrapassar o senso comum (opinião, estereótipo) e chegar ao nível do bom-senso (verdade, criticidade).

"LER deveria ser um *hábito diário* que todos deveriam cultivar para o *aprimoramento de sua própria cultura*, para o desenvolvimento de sua inteligência através de ideias escritas. Assim sendo, *criariam uma própria crítica daquilo que leem* e aceitariam ou discordariam porque *LER É PENSAR* [...]."

Aqui o verbo "dever" (no futuro do pretérito) indicia uma condição ideal e aponta para uma necessidade que talvez não esteja sendo cumprida. O trecho ainda estabelece duas funções para a leitura: conhecimento da própria cultura e avaliação crítica de materiais impressos.

Poder-se-ia dizer que a maior parte da cultura de um povo realmente se encontra materializada em discurso verbal escrito. Para conhecê-la, o indivíduo deve cumprir três condições fundamentais: saber ler, querer ler e ter acesso ao livro ou similar. A primeira condição é satisfeita através da alfabetização e do letramento; a segunda, através da orientação de leitura, dada pela escola e pela família; a terceira, através de visitas a bibliotecas e compras de livros, visitas a livrarias, que devem ser permitidas e facilitadas às crianças, por sua família, antes mesmo que elas estejam alfabetizadas ou frequentando escolas, através da aquisição e manuseio de obras de literatura infantil. Isto levará a criança, obrigatoriamente, a adquirir um hábito de leitura e não ter o hoje comum "medo" de entrar e frequentar livrarias e bibliotecas. Fica patente, então, que a escola e a família, na sua função de ensino e orientação da leitura, devem facilitar a aprendizagem dos elementos envolvidos nas três condições. Mas será que elas cumprem essa função? Continuemos com o relato das alunas...

"Nas bibliotecas escolares em geral, há *insuficiência de livros*, tanto didáticos como de ficção; existe, também, *falha dos educadores* em não saber como incentivar a leitura, apesar de a culpa não ser só deles: o erro principia em casa."

Estas palavras reforçam a hipótese que foi colocada anteriormente: a escola parece estar cumprindo somente a primeira condição envolvida no ensino da leitura — a de alfabetizar. Ora, a alfabetização é uma condição necessária, mas não suficiente para a formação do leitor crítico. Isto é: após aprender as relações entre código oral e código escrito, o aluno precisa, pelo letramento, ser exposto a diferentes materiais de leitura de modo que possa obter o referencial para o seu pensamento. Sendo assim, talvez o aluno queira ler, mas pode faltar-lhe orientação e acesso ao livro.

Não seria esta a causa de o aluno sentar frente a uma televisão de quatro a seis horas por dia? Não seria o caso de questionarmos o tipo de orientação de leitura que os nossos alunos recebem dos pais e dos professores? Ou será que devemos continuar criticando os "perigos da televisão", sem tentar analisar a relação íntima entre educação e leitura? Mas deixa isso para lá — o brasileiro tem mania de analisar as coisas pelas suas consequências...

"*O Colégio A* é particular *de alto nível*, onde as condições socioeconômicas dos *alunos* são boas, ou seja, são *de classe média alta para alta.*"

"*A biblioteca é grande, iluminada e confortável*; há uma mesa para cada dois alunos estudarem ou até mesmo lerem um gibi. *O acervo é variado, contendo desde livros didáticos até livros em geral, para qualquer faixa etária.* [...] *Os alunos*, durante o intervalo das aulas, *vão à biblioteca como se fosse um hábito natural*, não havendo, portanto, ojeriza aos livros."

A burguesia parece estar consciente do valor e poder da leitura. Em verdade é até difícil encontrar uma escola particular "de classe alta" onde não exista uma biblioteca devidamente equipada. Os professores, por receberem bons salários, têm tempo de estruturar melhores sistemas para a utilização das bibliotecas, de trabalhar com a bibliotecária no sentido de incentivar a leitura dos alunos. Afora isto, esse tipo de escola conta com bons orientadores e supervisores pedagógicos, que também prestam serviços à área de leitura, pois sabem que esta se coloca no centro da aprendizagem do aluno.

A afirmação de que a burguesia se preocupa com as atividades de leitura de seus filhos não é feita a bel-prazer. Uma pesquisa realizada no Rio de Janeiro (Medina, C. A.; Almeida, M. L. R. *Hábitos de leitura*: uma abordagem sociológica. Rio de Janeiro: Clapcs/Inep, 1977) mostrou que as famílias de classe A consideram a leitura como sendo um fator de preparação cultural e "uma espécie de investimento". Além de possuir biblioteca particular em casa a elite faz com que seus filhos dediquem horas especiais à leitura de livros.

Isto posto verifica-se que as famílias abastadas conseguem atender às outras duas condições (querer ler e ter o livro em mãos) para a formação do leitor crítico. É fácil verificar, portanto, que a diferenciação de classes sociais e a manutenção da hegemonia começam por aí: pelo fácil acesso ao livro dos filhos da classe burguesa e pela melhor orientação de leitura que eles recebem nas escolas.

"*O Colégio B é estadual,* de *baixo nível*, onde as condições socioeconômicas variam."

"O tamanho físico da *biblioteca é razoável,* mas, como sabemos, *isto não implica que seja uma boa biblioteca*, pois tanto *qualitativa quanto quantitativamente é deficiente*. Pudemos constatar a *deficiência*, inclusive de *livros-textos, livros didáticos em geral* e *literatura variada*. Devido a isto, *a biblioteca não é frequentada*, por livre e espontânea vontade dos alunos, sendo que a *ela recorrem somente quando obrigados* por algum professor [...]. Em véspera de provas, inclusive, *a frequência é baixíssima*."

É! Parece que as classes mais desprivilegiadas não levam vantagem mesmo... Enquanto a elite realmente lê, o proletariado só se alfabetiza. Roda viva? Reprodução? Cegueira? Todos são iguais perante o processo educacional? O qualificativo "deficiente", fornecido pelas alunas, desestrutura qualquer proposta de igualdade nas oportunidades educacionais. E tem mais: em verdade não é só a falta de acervo nas bibliotecas das escolas públicas; muitas vezes existe falta até de bibliotecas. O aluno da classe pobre tem que se contentar com a leitura dos textos inseridos no seu livro didático e olhe lá! Segundo Medina e Almeida (na mesma pesquisa citada anteriormente), os indivíduos da classe C acham que ler é atividade para quem tem tempo e dinheiro; sendo assim, a leitura torna-se um outro luxo que somente pode ser desfrutado pela burguesia dominante.

Mais interessante ainda foi a conclusão pessoal, fornecida pela aluna Suely Zumi Idayashi:

"Os alunos que contam com uma biblioteca como a A não terão dificuldades quando do prosseguimento dos estudos. O gosto pela leitura leva ao gosto pelo estudo e vice-versa. Num curso superior, quando a frequência a uma biblioteca é obrigatória (para fins de pesquisa e trabalhos), tais alunos não terão dificuldades.

Quanto aos alunos "frequentadores" da biblioteca B, pelo que foi exposto acima, notamos que terão progressivo desinteresse pela leitura e, consequentemente, pelo estudo. Caso cheguem a fazer um curso superior, encontrarão aí grandes dificuldades, pois não estão acostumados a um trabalho consistente de pesquisa.

Como fator mais importante, podemos mencionar a origem socioeconômica dos alunos das bibliotecas A e B.

É sabido que muitos da B frequentam escolas simplesmente visando à merenda escolar, e que estes mesmos alunos as abandonam a fim de constituir fonte de renda para a família."

Fecha-se o círculo e estamos conversados!

**Capítulo 9**

# Qualidade *versus* quantidade

Poema de rua, que espera melodia:

> A educação brasileira,
> do campo e da cidade,
> não é muito verdadeira
> e só visa à quantidade.
>
> Nos idos de setenta e um
> tudo foi modificado;
> se tem dois cabe mais um
> para ser massificado.
>
> O ensino brasileiro
> deixou de ser e já não era;
> diminuíram o dinheiro —
> é a eterna primavera.

O professor brasileiro
quarenta e quatro aulas tem;
corre corre o dia inteiro,
mas não ensina ninguém.

Na classe superlotada
sobrevive o mais apto;
começa aí a derrocada
do aluno mentecapto.

O professor não ensina
e o aluno não aprende —
educação não é chacina,
nem produto que se vende.

Educação é para todos,
mas com certa estrutura;
não é soma de engodos,
nem é mel de rapadura.

Pelas portas da escola
passa boi, passa boiada;
vou ser jogador de bola
ou vendedor de marmelada.

O setor educacional
é uma coisa que pinica:
para o bem nacional
o rico vai, o pobre fica.

Para rico existe estudo
Para pobre há merenda;
este o eterno botocudo,
aquele o dono da fazenda.

Ensino democratizado
só aparece no papel
tem escola com portão fechado
e lá se vai o meu anel.

Quem chega à universidade
tem de passar pela peneira —
o popular é uma saudade
ou um retrato de caveira.

A universidade está cheia
de indivíduo da elite:
o rico ali se veraneia,
o pobre fica no convite.

A qualidade do ensino
é para uma classe só;
às vezes até me desatino,
vendo a cegueira desse nó.

Onde anda a qualidade
que sentado eu espero,
vai ficar só na saudade
ou sempre no lero-lero?

# Capítulo 10

# Importância da leitura: um diálogo com o aluno universitário

> Existem quatro tipos de leitor. O primeiro é como uma AMPULHETA: a leitura, sendo a areia, desaparece sem deixar vestígio. O segundo é igual a uma ESPONJA: embebe-se de tudo e devolve exatamente aquilo que sugou. O terceiro parece um COADOR: retém somente aquilo que não presta. O quarto é como um MINEIRO das minas de Golconda: joga fora o inútil e retém somente as gemas mais puras.
>
> *Coleridge*

Você já percebeu como o mundo moderno está saturado de diferentes códigos? A todo o momento a televisão, a imprensa, o rádio, a Internet e o cinema lutam para aumentar os seus níveis de audiência (e somos parte dessa audiência...); resulta dessa competição um constante bombardeamento informacional sobre os nossos órgãos sensoriais, que muitas vezes nos impede de uma reflexão mais crítica sobre a QUALIDADE das informações veiculadas.

Você já notou que os hábitos de sua família sofreram mudanças radicais depois do aparecimento da televisão? As pílulas "televisol" para dormir provavelmente não lhe são desconhecidas e talvez nem mesmo as características da "geração da imagem", tão acirradamente discutidas e combatidas hoje em dia. Muitas vezes o vício pela imagem nos impede de efetuar diálogos mais frequentes e mais autênticos: o nivelamento de experiência imposto pelos meios de comunicação de massa leva a uma situação na qual o "Não tenho nada a dizer ou acrescentar" torna-se a tônica dominante.

Você está satisfeito com a quantidade e qualidade de suas leituras? Afinal, quantos livros você já leu? Por que você lê? Qual é a importância da leitura? A leitura é um fim ou um meio? Você só lê por obrigação? Você é um leitor crítico? Quais as habilidades de leitura que você aprendeu antes de chegar à universidade? Estas perguntas (sobre as quais você pode e deve refletir neste momento de sua vida) demonstram a necessidade de um enfoque mais específico sobre o processo de comunicação. Muitas vezes esse tempo sofre uma restrição aguda, sendo tomado apenas como FALAR e ESCREVER (codificação). Verifique, porém, que a comunicação envolve também OUVIR e LER (decodificação); sem o ouvinte ou leitor ou receptor da informação não existe a possibilidade da comunicação. Esse estereótipo ou má interpretação do conceito de comunicação é gerado, na maioria das vezes, pela ênfase dada à redação no vestibular (você já deve ter lido sobre isso) e o grande descaso dedicado à importância da leitura na aquisição de novos significados (aprendizagem).

Faça uma revisão de sua trajetória escolar: qual foi o professor que jamais adotou ou recomendou livros durante o transcorrer de seus cursos? Como você pode ver, leitura é um ato que está presente em todos os níveis do sistema educacional. A própria instituição escola, principal defensora e mantenedora do registro verbal da cultura, concebe o livro como um instrumento básico ou um complemento primeiro às funções exercidas pelo professor. A universidade não é exceção a isso; pelo contrário, voltada como está à pesquisa e produção de cultura, a universidade vai exigir grande dose de leituras por parte de seus alunos, incluindo você, é claro!

Mas o nosso objetivo não é amedrontá-lo com uma suposta avalanche de textos que porventura você venha a enfrentar. Nem pretendemos oferecer a "dica milagrosa" para torná-lo capaz de ler dinamicamente todos os possíveis densos livros que diferentes professores indicam. Objetivamos conduzir até sua consciência alguns dados sobre os quais você deve refletir a fim de conscientizar-se da importância da leitura e do livro dentro de seus projetos educacionais. Afinal de contas, a universidade é o último reduto formal onde você conseguirá sugestões para leitura; depois daqui, na vida profissional, o problema é essencialmente seu.

A função primordial da leitura, em termos bem diretos, é transformar você em MAIS VOCÊ. Explicando: a variedade e disponibilidade de livros à venda no mercado (ou guardados em uma biblioteca) dão margem a um ato de escolha ou seleção de sua parte — você lê aquilo que quiser. Essa seleção gera uma diferenciação progressiva de experiências, além de permitir uma profundidade maior acerca da mensagem veiculada — você lê um texto quantas vezes quiser. É lógico que sua liberdade de escolha fica sujeita a restrições impostas pela censura e/ou pelas regras do mercado, mas mesmo assim ainda existe muita coisa boa para ler... Agora compare essas vantagens com informações veiculadas pela televisão: aqui, além de mensagens efêmeras, redundantes e "empacotadas", existe o controle imposto pelo produtor de tevê — sua seleção fica restrita aos canais de televisão que, na maioria das vezes, nivelam por baixo através de mensagens superengenhadas para atrair a sua atenção. Verifique que você em nada contribui para a montagem da mensagem televisiva; a sua percepção segue a percepção daquilo que o produtor de tevê achou importante; a sua participação significa, neste caso, mera deglutição!

O nivelamento cultural ou a padronização de experiências nada mais faz do que impedir as comunicações autênticas. O indivíduo repetidor, massificado ou plagiador dificilmente tem algo de novo a informar. Em realidade, a expansão de nossos repertórios deve-se às diferenças de conhecimento entre as pessoas. Assim, a aquisição de novas informações e a consequente expansão de horizontes intelectuais decorrentes de leituras ecléticas vão se tornar instigadoras de diálogos mais frequentes e de comunicações mais autênticas. O exemplo mais claro desse processo é quando, em uma reflexão conjunta, um colega seu levanta a mão e diz: "Tenho algo a acrescentar!" ou "Mas não é bem isso que o autor quis dizer!" Nesse sentido, ler é participar.

Em vista do que foi dito, talvez agora você já possa reformular um possível preconceito relacionado com afirmações do tipo "Detesto a escola porque detesto ler!" Ora, a maior parte dos nossos tesouros culturais encontra-se materializada em linguagem verbal escrita e a escola nada mais faz do que colocar esses mananciais à sua disposição — o Brasil ainda está longe da chamada "televisão na sala de aula", ainda dependemos de livros e de leitores bem equipados como você para decodificá-los. O problema maior surge quando as habilidades de leitura por você incorporadas não são suficientes para vencer as exigências acadêmicas da universidade. Vejamos alguns dos pré-requisitos de leitura a serem preenchidos se você quiser: fazer de você mais você, contribuir para com o desenvolvimento e transformação da cultura e, portanto, participar.

1. DESENVOLVIMENTO DE ATITUDE POSITIVA FRENTE À LEITURA — Conscientize-se de que o ato de leitura realmente contribui para o seu autodesenvolvimento. Lembre-se de que a educação é um contínuo e inacabável projeto no seu vir-a-ser e que a leitura, por permitir a abertura de novos horizontes, é parte fundamental desse projeto. Assim, o trinômio *educação-leitura-cultura* não fica sujeito apenas à sua trajetória escolar, mas deve acompanhá-lo durante toda a sua vida.

2. DESENVOLVIMENTO DO HÁBITO DE LEITURA — Dedique parte de seu tempo a leituras seletivas e críticas.

Não se contente apenas com leituras exigidas ou recomendadas pelo professor, faça a sua própria seleção de livros de modo a adquirir outros pontos de vista e ter algo a acrescentar. Lembre-se de que a televisão e outros meios de comunicação de massa estão aí e são inevitáveis; planeje a sua vida de modo a não desprezar mensagens veiculadas através da linguagem escrita. Acostume-se a ler!

3. CONSULTA À FONTE PRIMEIRA — Consulte livros e não recortes apostilados. As apostilas geralmente são extraídas de um contexto mais amplo; conheça o contexto ou cosmovisão do autor, não se contente com os fascículos parciais. Nessa mesma linha, não julgue a dificuldade de uma leitura pela grossura do livro, mas sim pela riqueza de ideias que o livro contém.

4. REFLEXÃO SOBRE O MATERIAL ESCRITO PROPOSTO — Tente transcender o fenômeno utilitarista da "leitura para passar na prova". Não se contente em simplesmente compreender as ideias de um autor e devolvê-las exatamente da mesma maneira. Reaja a essas ideias em termos de análises e avaliações críticas — não seja o leitor de um texto só; tente verificar qual é o outro lado da moeda; adquira termos de comparação.

## Capítulo 11

# Desassimilação de hábitos adquiridos

Antes de iniciar as atividades de ensino para a disciplina "Sistemática do Trabalho Individual e de Grupo" (EP-101 — Básico, Faculdade de Educação, Unicamp, oferecida até o final da década de 1980), costumava fazer um diagnóstico das habilidades comunicacionais dos calouros de Pedagogia. Fazia este primeiro trabalho com a intenção de verificar se o conteúdo programático a ser visto não se colocava muito além ou aquém das possibilidades dos estudantes. A parte fundamental do diagnóstico tentava evidenciar a capacidade redacional do calouro que vinha adentrando a universidade.

Em 1975, caiu-me às mãos um desenho feito por Henfil para o jornal *O Pasquim*. Afora outros bons detalhes, o desenho mostrava dois bebês mamando em um aparelho de televisão. A figura é bastante significativa, pois visualmente estabelece uma crítica à massificação decorrente do uso indiscriminado da televisão.

Logo na primeira semana de aula pedi aos alunos que, a partir do desenho de Henfil, escrevessem um texto coerentemente organizado. Algumas perguntas que surgiram durante a ocasião:

— Quantas linhas deve ter?

— Pode fazer a lápis?

— Tem que deixar parágrafo de quantos dedos?

— Põe título?

— Quando errar risca ou escreve "digo"?

— Tem que ter introdução, desenvolvimento e conclusão?

— É só para descrever o desenho?

— Sublinha o título?

— Faz rascunho?

Procurava dar fim a estas questões, dizendo: "Componham o texto a partir daquilo que a figura lhes sugerir. Escrevam de forma que eu entenda o que está escrito. O número de linhas vai depender da quantidade de ideias sugeridas. Utilizem a experiência de redação que vocês tiveram antes de chegar à universidade!" Os alunos começavam a redigir e surgiam novas perguntas durante o processo:

— O senhor aceita só um parágrafo?

— Quanto vale esta redação?

— Vê se leva em consideração que eu fiz supletivo, viu?

— Será que o senhor vai entender minha letra?

— "Compreensão" é com esse ou com cê cedilha?

— Pode entregar em folha de caderno mesmo?

— O senhor vai corrigir agora?

Percebia que a maioria dos alunos começava a suar. A caneta mais se assemelhava a um cabo de enxada: peso na mão e peso na consciência. Olhavam o desenho; contavam o número de linhas — iam compondo às bagatelas. Cada linha parecia ser parida a fórceps. Alguns procuravam escrever com letra "grandona e espichada", para ver se surripiavam o professor no número de linhas; outros riscavam a folha sem parar: as palavras caíam como pingos de contagotas. Ficava então instalada a atmosfera mefistofélica em plena sala de aula...

Agora, já na fase de correção das redações, a agonia do professor: de cinquenta, apenas umas quatro ou cinco recuperáveis! Frases sem sentido, parágrafos sem ligação, problemas de concordância, incoerência, historinhas banais, tentativas poéticas etc. Será que esses alunos jamais redigiram? Será que a escrita perdeu mesmo a sua utilidade nesta sociedade imagética? Será que não houve orientação de redação em níveis educacionais anteriores? A angústia baixava sobre a cabeça do professor...

Mas o que mais angustiava não eram os problemas presentes na microestrutura do texto (ortografia, concordância, pontuação, acentuação); a melancolia aparecia quando se analisava as ideias materializadas no texto do aluno — meros chavões redundantes. Fórmulas e modelos prontos evidenciavam-se como sendo os problemas mais sérios da redação pretendida pelo futuro profissional. Será que o aluno brasileiro deixou de pensar? Será que a crítica feita pelo Henfil não causou nenhum impacto? Será que posso recuperar o aluno aqui na universidade? A angústia passava a ser um desespero, um dilema para o professor...

Nos dois diagnósticos que fiz (1977 e 1978) pude notar que a coisa só tendia a piorar. A pobreza de ideias e a deficiência na expressão evidenciavam-se de várias formas na prática concreta. Pude notar, por exemplo, a recorrência com que a maioria dos alunos utiliza a expressão "Nos dias atuais..." (ou similar) para iniciar a redação e a conclusão gloriosa (final feliz) para encerrá-la. Pude notar ainda que a maioria das redações trazia, explicitamente, o modelo do sonho: "mas era tudo um sonho; depois acordei". Reflexos de fórmulas redacionais prontas, memorizadas na escola fundamental e média? Só podiam ser.

Verificava, também, que os alunos geralmente organizavam a linguagem da redação dentro de um único esquema: o narrativo. Pareciam ser incapazes de dissertar ou de argumentar e, consequentemente, de se posicionar diante da crítica social feita pelo autor do desenho. Existia, isto sim, uma superabundância de fórmulas ditadas pelos meios de comunicação de massa, principalmente pela televisão e pelas revistas em quadrinhos. O padrão a ser seguido parecia ser sempre o mesmo: o modelinho de redação aprendido lá na escola fundamental ou o estratagema redacional aprendido mecanicamente no cursinho.

A título de ilustração, transcrevo abaixo a redação produzida por uma aluna de primeiro ano da universidade. Devo ressaltar que este exemplar não é a exceção, mas a regra.

## O SONHO

*Em minha viagem espacial, algo me chamou a atenção:*
*A primeira vista tudo aquilo aparecia brincadeira,*
*uma espécie de charada, e isso me preocupa pois detes-*

*to esse tipo de coisas, talvez seja o mêdo de um estudo mais profundo, onde não me saía bem.*

*Aproximando minha nave, pude observar nitidamente alguma coisa digamos uma TV em forma de animal que não refletia imagens no vídeo, seus cinco controles laterais formavam uma paralela horizontal, na caixa ou seja corpo do falso ruminante tinha poros dentro de uma circunstância mal descrita, onde imaginei que fosse para sair sons.*

*Que aparência grotesca era tudo aquilo para mim, E seguindo o relato: notei três pernas e na parte inferior do aparelho animal (seja lá o que fôr, não me sinto apto a análise desse tipo) notei uma espécie de úbere onde três seres fantasmagóricos sugavam.*

*Que susto, tudo o que vi era tão irreal que me fêz acordar, e pensar que tudo isso só poderá existir nos sonhos. Será?"*

Quem dera isso fosse um problema somente da área de língua portuguesa! A "aprendizagem" mecânica, memorizada, não significativa estava presente em todas as disciplinas oferecidas pela escola. Em Física, Química, História, Ciências etc. acontece exatamente a mesma coisa: o professor passa o modelo na lousa e manda o aluno aplicá-lo a problemas padronizados. A mente do aluno começa a funcionar à maneira do computador: para tal tipo de problema, tal programa mental. O aluno perde todos os seus atributos humanos para se transformar em uma máquina que memoriza e vomita fórmulas.

A pior consequência gerada por tal abordagem de ensino-aprendizagem diz respeito a certos hábitos desenvolvidos pelo aluno. Acostumado a receber coisas prontas e memorizadas, ele passa a recusar qualquer proposta que exija pensamento e reflexão. Acostumado a ser igual aos outros, ele passa a evitar qualquer tarefa que exija o mínimo de originalidade. Acostumado com aulas expositivas, ele passa a se desviar de trabalhos mais idiossincráticos, originais. Acostumado à incorporação de hábitos, ele deixa de criar.

Sabemos que não é muito fácil fazer com que o aluno desassimile um hábito já adquirido. "Esqueçam tudo o que aprenderam anteriormente e vamos recomeçar tudo de novo!" — às vezes utilizo esta frase a fim de fazer com que meus alunos saiam da passividade alienante e pensem um pouco melhor sobre a realidade. Será que estou certo? Não seria a educação brasileira um eterno e vicioso recomeçar? Não seria a aprendizagem um caso de sobrevivência do mais apto? Já não estaríamos adentrando o mundo orweliano de 1984? Sei lá, talvez fosse melhor voltar às origens e repetir o final feliz de redação, que a criança aprende lá no primeiro grau:

*"E viva o Brasil!"*

# Capítulo 12

# Pá-lavras...

## Dirigindo-se para um fim...[5]

Já é de praxe, ao final de um curso que proponho, relatar aos alunos algumas de minhas crenças sobre a educação e a aprendizagem — coisas em que acredito, coisas que brotam durante uma experiência educacional e outras coisas que refuto como inadequadas.

Possivelmente eu lhes entrei na consciência de alguma forma — talvez sob forma de uma imagem dantesca, exigente, antipática ou, ao reverso, como alguém que quis lhes ajudar. Lembro desde já que a minha postura, a minha forma de pensar e de agir, é um reflexo de minhas crenças sobre o processo educacional — talvez todas elas estejam erradas, mas, se assim o for, acredito no errado e argumento a favor dele.

---

5. Pequeno discurso proferido aos alunos de Pedagogia da Faculdade de Educação, Unicamp, em junho de 1977.

OS (DES)CAMINHOS DA ESCOLA

Alguém, um dia, disse que sou um perfeccionista. Concordei plenamente e retruquei: "Diante da mediocridade educacional deste país, não adianta a educação para o 'mais ou menos'; estou farto de encontrar *meio* educador por aí. Eu só trabalho no sentido de formar educadores perfeitos, ou seja, aqueles que saibam analisar a realidade social deste país!"

"Análise de realidade" somente pode ser feita (assim creio eu) depois que o aluno tiver incorporado dois valores fundamentais: iniciativa e responsabilidade, e depois que tiver adquirido referentes informacionais para formar a sua postura diante da realidade. Liberdade, para mim, é a consciência da necessidade e é por isso mesmo que exijo o máximo da potencialidade do aluno. Não adianta formar pedagogo pela metade — disso o Brasil já está infestado!

A análise do mundo dos fenômenos somente pode ser levada a efeito por indivíduos cognitivamente organizados. E aqui a comunicação humana entra como um elemento--chave; aqui se inserem, também, os objetivos do curso que estruturei.

Finalizando, declaro que a minha abordagem didática é muito relacionada com a assimilação de processos e de conceitos. As derivações argumentativas só podem nascer de referentes assimilados, isto é, não se pode discutir um assunto sem que haja o conhecimento prévio de referenciais de mundo.

E daqui para frente, com a pitada de experiência que comigo tiveram, espero que vocês sempre se lembrem da seguinte afirmação que me brota na consciência: "A universidade é somente um espaço para onde se vai com o objetivo de transformação de si e da realidade".

## Palavras quase finais...[6]

Durante o transcorrer do nosso curso, tentei levá-los a uma melhor conscientização dos problemas presentes na educação nacional, das suas funções como futuros pedagogos e da necessidade de atualização constante. Realmente não sei se consegui isso, talvez...

O responsável pela sua vida é VOCÊ. Apenas propus uma forma de inquérito para, possivelmente, tornar você mais você. Haverá continuidade nesse seu abrir-se para uma educação melhor ou você cairá na passividade e massificação em anos futuros? A decisão é somente sua!

Aprender a pensar, questionar, refletir e EXISTIR como ser humano autêntico não é tarefa para quatro ou oito meses — alguns passam a vida sem jamais encontrar a identidade. Minha disciplina foi apenas um início para um trabalho intelectual maduro e crítico — o vir a ser fica em suas mãos.

Gostaria que, no futuro próximo, vocês se tornassem bons intelectuais e formassem intelectuais tão bons ou melhores do que vocês. Somente assim darei por finalizada a minha tarefa educacional. Pensem nisso ao longo de todas as suas vidas! Felicidades!

---

6. Pequeno discurso proferido aos alunos de Pedagogia da Faculdade de Educação, Unicamp, em junho de 1978.

OS (DES)CAMINHOS DA ESCOLA

## Palavras finais...[7]

Falar em crise da educação brasileira é ser mais que redundante! Falar em sistema educacional democrático é permanecer no nível do falso! Falar em necessidade de conscientização dos professores é continuar batendo na mesma tecla! Falar em educação popular é morar no quintal da utopia! Falar a partir de reflexões de gabinete é continuar na espera do milagre! Falar da falta de condições e não reivindicar as condições é sempre permanecer de braços cruzados! Falar e nada fazer é continuar na eterna passividade!

No isolamento, com esforços ilhados, dificilmente conseguiremos mudanças concretas na realidade educacional. No cubículo, com os traseiros grudados na cadeira e refletindo sobre o "se assim fosse", continuaremos em processo crescente de insatisfação. Sozinhos, esperando o aparecimento de um dirigente mais crítico, redundaremos na constante e infindável espera. Somente contemplando o que se vê, mas nada fazendo, estaremos somente contribuindo para com o processo de reprodução.

A letargia do professor brasileiro parece ter virado um estereótipo que já faz parte do senso comum — a opressão e a falta de condições parecem ter-lhes ofuscado o bom-senso. Contribui para com este estado de coisas o professor malformado e informado — aquele indivíduo sem nenhuma

---

7. Discurso proferido no início de um curso de treinamento de professores em maio de 1978.

concepção de mundo coerentemente organizada para guiar as suas ações. Aquele professor para o qual a escola deixou de ser uma instituição da sociedade civil com uma função social e política e, por isso mesmo, conscientizadora e transformadora. Aquele professor que transformou o trabalho de Magistério em mero "bico", que se contenta em adotar a atitude passiva diante da realidade em crise. Aquele professor que espera a solução milagrosa para os seus problemas didáticos, que espera a chegada do anjo salvador para indicar que caminho seguir. Aquele professor que procura uma metodologia para solucionar problemas que, em realidade, são insolúveis nesse nível, pois o vírus está no sistema capengante e não em aulas específicas.

Estou aqui para falar das minhas experiências sobre comunicação na sala de aula. Experiências que foram adquiridas na minha luta por um ensino melhor. Experiências que talvez devam ser conhecidas por vocês, pois me definem como um intelectual militante. Experiências em que acredito, pois acho que conheço a realidade das nossas salas de aula. Experiências que nasceram da vivência pedagógica concreta e não de reflexões idealizadas em gabinete. Experiências, enfim, que desejo compartilhar, e não "impor" a vocês.